गढ़वाल में क्षेत्रीयतावाद तथा राजनीतिक विकास
Regionalism and Political Development in Garhwal

डॉ. अनिल कुमार सैनी

Pustak Bharati
Toronto, Canada

Author : डॉ. अनिल कुमार सैनी, सहायक आचार्य (राजनीति विज्ञान), महायोगी गुरु गोरखनाथ राजकीय महाविद्यालय, पौड़ी गढ़वाल (उत्तराखण्ड)

Book Title : गढ़वाल में क्षेत्रीयतावाद तथा राजनीतिक विकास

भारत के उत्तराखण्ड राज्य के गढ़वाल मण्डल में आधुनिकीकरण (उपभोक्तावाद एवं उदारीकरण) की प्रक्रिया निरन्तर प्रभाव डाल रही है। मताधिकार के कारण यहाँ भी सामाजिक परिवर्तन, राजनीतिक सहभागिता तथा सामाजिक न्याय की लहर चल रही है। लोक–कल्याण के लक्ष्य, प्रशासनिक क्षमता, दलीय व्यवस्था एवं अत्याधुनिक संचार माध्यम आश्चर्यजनक प्रभावों के साथ सामाजिक, आर्थिक एवं राजनीतिक परिवर्तन में अपनी महत्वपूर्ण भूमिका निभा रहे हैं। इन सबके प्रभाव से इस क्षेत्र के निवासी भी अछूते नहीं रहे तथा अपने संकुचित एवं स्थानीय दायरे से बाहर निकलकर स्वयं को देश और दुनिया के साथ जुड़ा हुआ महसूस करने लगे हैं। किन्तु बेरोजगारी, गरीबी तथा क्षेत्रीय विकास इत्यादि इस क्षेत्र की प्रमुख समस्याएँ रही है। प्रस्तुत पुस्तक में इन सभी पहलुओं के साथ राजनीतिक विकास की प्रक्रिया के विविध आयामों का अध्ययन भी शामिल है।

Published by :
PUSTAK BHARATI (Books India)
Toronto, Ontario, Canada, M2R 3E4
email : pustak.bharati.canada@gmail.com
Web : www.pustak-bharati-canada.com

ISBN 978-1-897416-32-7
90000
9 781897 416327

ISBN : 978-1-897416-32-7

Copyright ©2020

© All rights reserved. No part of this book may be copied, reproduced or utilised in any manner or by any means, computerised, e-mail, scanning, photocopying or by recording in any information storage and retrieval system, without the permission in writing from the author.

समर्पण

पीयूष स्रोत-सी बहने वाली स्नेहमयी
दादी स्व. श्रीमती सरस्वती देवी एवं
माँ श्रीमती कलावती देवी
तथा
ईमानदारी, स्वाभिमान और सहनशीलता के प्रतीक
पिता श्री मुनिदेव कुमार सैनी
को
जिनसे मुझे प्रेरणा मिली!

अनुक्रम

पृष्ठ संख्या

	आमुख	i
अध्याय—एक	राजनीतिक विकास : अर्थ, परिभाषा एवं विविध आयाम	1
अध्याय—दो	अध्ययन क्षेत्र : परिचयाँकन	17
अध्याय—तीन	जन—संचार के साधन तथा राजनीतिक विकास	44
अध्याय—चार	राजनीतिक सहभागिता तथा राजनीतिक विकास	60
अध्याय—पाँच	प्रशासनिक क्षमता तथा राजनीतिक विकास	80
अध्याय—छः	लोक—कल्याण के लक्ष्य तथा राजनीतिक विकास	95
अध्याय—सात	उत्तराखण्ड आन्दोलन तथा क्षेत्रीयतावादः धारणाएँ एवं मूल्य	109
अध्याय—आठ	उत्तराखण्ड आन्दोलन तथा राष्ट्रीय एकीकरण	123
	ग्रन्थ—सूची	135
	लेखक—परिचय	140

आमुख

भारत सहित विकासशील देशों में राजनीतिक विकास की अवधारणा को लेकर राजनीति विज्ञान के अध्ययनकर्त्ताओं ने अनेक प्रयोग किये हैं। वर्तमान समय में जब विश्व के सभी विकासशील देशों में राजनीतिक आधुनिकीकरण तथा आर्थिक उदारीकरण की लहर तेजी से फैलती जा रही है, ऐसे में किसी भी विकासशील देश के राजनेताओं, नीति–निर्माताओं, प्रशासकों, विद्वानों तथा देश के जागरुक नागरिकों के लिए यह आवश्यक हो जाता है कि वे देश में फैल रही असन्तोष की भावना, क्षेत्रीयतावाद, जातिवाद, आतंकवाद, बेरोजगारी, जनसंख्या इत्यादि को रोकने के लिए अनुसंधान करें।

यत्र–तत्र भारतीय समस्याओं पर जो अनुसंधान किये जा रहे हैं, उनमें पाश्चात्य अनुकरण का आभास मिलता है, यह सही है कि सिद्धान्त और दर्शन राष्ट्र विशेष की सीमारेखा में बँधे हुए नहीं होते और न ही अन्तर्राष्ट्रीय विचार–प्रवाह से हम अलग–थलग रह सकते हैं, फिर भी सामाजिक परिवेश एवं राजनीतिक परिणतियों का आँकलन करने के लिए राजवैज्ञानिक जिस शब्दावली या अनुशासन से काम लेते हैं, वह अनुकरण नहीं होना चाहिए। बहुत कम लोगों को विदेशी प्रत्ययों और अवधारणाओं का अर्थ समझ में आता है। जो व्यापक सन्दर्भ में समझने की क्षमता रखते हैं, उनमें से भी कितने हैं जो इन आयतित सिद्धान्तों, अवधारणाओं और देशी यथार्थ में सन्तुलन रख पाते हैं? समाजविज्ञान के विश्लेषण, स्पष्टीकरण, व्याख्या का अपना सन्दर्भ, निज–परिवेश, अपने तथ्य एवं वस्तुस्थितियाँ होती है। सिद्धान्त रचना और प्रस्थापना की दृष्टि से, राजनीति के सटीक चिन्तन एवं विश्लेषण के लिए हमें सामाजिक संरचना के उस ढाँचे को आधार वस्तु मानकर चलना होगा, जहाँ परिवर्तन की प्रक्रिया चल रही है।

गढ़वाल मण्डल उत्तराखण्ड प्रदेश का एक महत्त्वपूर्ण एवं रम्य क्षेत्र है। इसकी ऐतिहासिक परम्परा, सामाजिक सहिष्णुता, शान्तिमय वातावरण एवं मनोहारी प्राकृतिक छटा आकर्षण का केन्द्र है। यहाँ की चिरकालीन आर्थिक विपन्नता एवं सामाजिक– राजनीतिक पिछड़ापन राज्य एवं केन्द्र सरकार के लिए हाल ही के वर्षों में चिन्ता का विषय रहा है, परन्तु विकास के सामान्य नियम इस क्षेत्र के लिए कारगार और उपयुक्त नहीं हैं। अपनी विशिष्ट भौगोलिक स्थिति, विषम परिस्थितियों एवं सीमित साधनों के कारण यहाँ की समस्या देश के अन्य क्षेत्रों की समास्याओं से कई अर्थों में भिन्न है, अतः इन समस्याओं का निदान भी विशिष्ट माध्यमों

एवं प्रयासों से सम्भव है। विकास की समस्यायें तथा उनके समुचित निदान की खोज न केवल नीति–निर्माताओं के लिए चिंतनीय विषय है, बल्कि समाजशास्त्रियों के लिए भी चुनौतिपूर्ण है।

राजनीतिक विकास बहुकारकीय होने के कारण इसके अध्ययन में विस्तार स्वाभाविक है। राजनीति का बहुरंगी चरित्र यह सम्भव बनाता है कि राजनीतिक विकास के सम्बन्ध में व्यापक सोच–समझ से दृष्टिकोण बनाया जाये, अपने चरित्र में यह प्रक्रिया नवीन ही कही जाएगी। उत्तराखण्ड के गढ़वाल मण्डल में क्षेत्रीयतावाद, दलीय–व्यवस्था, प्रशासनिक क्षमता, लोक–कल्याण के लक्ष्य, राष्ट्रीय एकीकरण तथा उत्तराखण्ड राज्य में सम्भावनाएँ तथा इसकी वास्तविकता, इस अध्ययन के प्रमुख उद्देश्य हैं।

धैर्यपूर्ण परिवर्तन के लिए यहपुस्तक ज्ञान के क्षेत्र में निश्चित एवं अभिनव योगदान देने वाली होगी। जिससे ज्वलंत समस्याओं के प्रति उदासीनता एवं जड़ता समाप्त होगी, आम लोगों की खमोशी टूटेगी तथा वे समस्याओं के समाधान की दिशा में तेजी से अग्रसर होगें, आशा है कि यहपुस्तक राष्ट्रीय चेतना को व्यापक बनाने और राजनीतिक कार्यक्रमों को विस्तृत परिप्रेक्ष्य देने में कामयाब रहेगी।

मेरी मान्यता है कि राजनीतिक अध्ययन को सजीव तथा बदलते समय के अनुरूप विचारों को विकसित होते रहना चाहिये। राष्ट्र–भाषा हिन्दी में विषय का सम्प्रेक्षण–देश के सक्रिय राजनीतिज्ञों–प्रशासकों एवं अभिजनों के साथ–साथ आम जनता को भी परामर्श देने की अपार सम्भवनाएँ संजोयें है।

प्रस्तुत पुस्तक राजनीति विज्ञान विषय में स्वदेशी चिन्तन की दिशा में महज एक शुरूआत है। उत्तराखण्ड राज्य के विकास में यह पुस्तक महत्त्वपूर्ण योगदान देने वाली सिद्ध होगी, ऐसी आशा की जा सकती है।

इस पुस्तक की रचना में मेरी आत्मीय पत्नी डॉ० (श्रीमती) शालिनी सैनी तथा डॉ० मीनाक्षी सैनी, प्राचार्या, सम्राट पृथ्वीराज चौहान स्नातकोत्तर महाविद्यालय, बहादराबाद, हरिद्वार (उत्तराखण्ड) ने निरन्तर अपने बहुमूल्य सुझावों से मेरे उत्साह, लगन एवं मनोबल को पुष्ट किया, जिससे मैं कभी भी उऋण नहीं हो सकता।

मैं अपने गुरुजनों, माता–पिता तथा उन सभी मित्रगणों के प्रति भी हार्दिक श्रद्धा एवं आभार प्रकट करता हूँ, जिनके मार्ग–दर्शन तथा स्नेहाशीष से मुझे आत्म–बल एवं प्रेरणा प्राप्त हुई।

22 मार्च, 2020 — डॉ० अनिल कुमार सैनी

नांगल सोती, बिजनौर–246732

अध्याय–एक
राजनीतिक विकास : अर्थ, परिभाषा एवं विविध आयाम

मानव स्वभावतः एक सामाजिक प्राणी है।[1] जिसके कारण समस्त सामाजशास्त्रों के अन्तर्गत मानव एक प्रतिपाद्य विषय है और प्रत्येक सामाजिकशास्त्र चाहे वह अर्थशास्त्र, इतिहास, राजनीतिशास्त्र, समाजशास्त्र हो या अन्य कोई शास्त्र वे सब किसी न किसी दृष्टि विशेष से मानव का अध्ययन करते हैं। मानव के सामाजिक सम्बन्धों का अध्ययन समाजशास्त्र तथा राजनीतिक पार्श्व का अध्ययन राजनीतिशास्त्र के अन्तर्गत किया जाता है।

मनुष्य की राजनीतिक विचारधारा बहुत सीमा तक उसकी सामाजिक विचारधारा का परिणाम है। मानव जीवन की समस्त समस्यायें एक दूसरे से इतनी घुली–मिली हैं कि उनको किसी भी प्रकार से एक–दूसरे से पृथक् नहीं किया जा सकता, उनका एक दूसरे पर काफी गहरा प्रभाव पड़ता है। जिस समानता, भ्रातृत्व और सहयोग की भावना पर सामाजिक जीवन आधारित है उसका पोषण राजनीति विज्ञान के नियमों द्वारा ही होता है।

विकास पृथ्वी का शाश्वत नियम है।[2] विकास एक सामाजिक–आर्थिक एवं राजनीतिक प्रक्रिया है। इस प्रक्रिया में या तो निष्क्रिय होकर बहा जा सकता है या सक्रिय होकर इसे नियन्त्रित और निर्देशित किया जा सकता है। विकास मानवीय प्रयत्नों का परिणाम है।[3] किसी भी समाज में सामाजिक, संस्थागत एवं संगठन सम्बन्धी परिवर्तन आर्थिक विकास द्वारा ही लाये जाते हैं।आर्थिक विकास से देश में सामाजिक व राजनीतिक विकास का सूत्रपात होता है। इसके विपरीत आर्थिक अवनति अनेक सामाजिक एवं राजनीतिक समस्याओं को जन्म देती है जिसमें आवास, स्वास्थ्य व बेरोजगारी की समस्या प्रमुख है। किसी भी क्षेत्र में प्रगति के लिए निर्देशन नियन्त्रण एवं विस्तार की आवश्यकता होती है जैसा कि प्रो0 बोन ने लिखा है कि, प्रगति में कुछ निर्देशन, नियन्त्रण एवं सलाह की आवश्यकता होती है जिसमें विस्तार की शक्तियों को बनाए रखना होता है। यह अधिकांशतया अविकसित राष्ट्रों के लिए सत्य होता है।[4]

विकास की प्रक्रिया का अन्तिम रूप ही किसी समाज को प्रगति की अवस्था में पहुँचाता है। समाज का यह रूपान्तरण शिक्षा के स्तर में सुधार, गतिशीलता, नगरीकरण की दर तथा राजनीतिक स्थिरता पर आधारित है। सामाजिक विकास से तात्पर्य उन सम्बन्धों तथा ढाँचे से

है जो किसी समाज को इस योग्य बनाती है जिससे कि उसके सदस्यों की आवश्कताओं को पूरा किया जा सके। ढाँचे और सामाजिक सम्बन्धों में सुधार सामाजिक विकास है जिससे सदस्यों की आवश्यकताओं को और अधिक व्यवस्थित रूप से पूरा किया जा सके। सामाजिक विकास का एक समय में एक निश्चित लक्ष्य होता है। यह लक्ष्य वर्तमान राजनीतिक प्रभाव से अधिक प्रभावित दृष्टिगोचर होता है। सामाजिक संस्थाओं का सामाजिक विकास पर महत्त्वपूर्ण प्रभाव पड़ता है। प्राचीन संस्थाएँ जहाँ सामाजिक विकास को प्रभावित करती हैं, वहीं नई संस्थाएँ सामाजिक विकास का मार्ग प्रशस्त करती हैं। लोगों की मनोवृत्ति का भी सामाजिक विकास पर प्रभाव पड़ता है। यदि सामाजिक ढाँचा लचकपूर्ण है तो वह सामाजिक विकास में सहायक सिद्ध होगा। इस प्रकार विकास मनुष्य के सामाजिक, राजनीतिक, सांस्कृतिक, संस्थागत तथा आर्थिक परिवर्तनों से सम्बन्धित है।

राजनीतिक विकास की अवधारणा :– द्वितीय विश्व युद्ध के पश्चात् राजनीतिक अध्येताओं को विश्व के पिछडे देशों में हुई क्रान्तियों ने आकर्षित किया। उन्होने अपना ध्यान इस बात पर केन्द्रित किया कि नवोदित राष्ट्र किन परिवर्तनों से गुजर रहे हैं? उनकी सामाजिक एवं राजनीतिक व्यवस्थायें कौन–सा रूप धारण कर रही है? इन क्रान्तियों के अध्ययन के फलस्वरूप अनेक दिशाओं में राष्ट्र–निर्माण और राजनीतिक विकास की धारणायें कहीं उत्साहजनक, निराशाजनक तो कहीं अनिश्चितता लिए हुए अस्त–व्यस्त रही हैं।

व्यवस्था–सिद्धान्त और संरचनात्मक–प्रकार्यात्मक उपागम पश्चिमी राजनीतिक व्यवस्थाओं को समझने में काफी सहायक रहे, किन्तु विकासशील राज्यों की राजनीतिक व्यवस्थाओं में होने वाले उलट–फेर को समझाने में विशेष सहायता नहीं कर सके। ल्यूशन पाई, आमण्ड, कोलमैन, रिग्स और माइरन वीनर जैसे विद्वान ऐसे प्रत्यय के प्रयोग में लग गये, जो विकास की सम्पूर्णता के सन्दर्भ में नये राज्यों की राजनीतिक प्रक्रियाओं को समझने में सहायक सिद्व हो। इन विद्वानों ने राजनीतिक विकास के प्रत्यय का प्रयोग करके एक नये तुलनात्मक–विश्लेषण उपागम की आवश्यकता को महसूस किया, जिससे परिवर्तनों को, विकास के प्रवाह में समझा जा सके।

गैर–पश्चिमी देशों की राजनीतिक व्यवस्थाओं को समझने के लिए उनके सम्पूर्ण सांस्कृतिक एवं ऐतिहासिक पर्यावरण को समझना आवश्यक है। इन देशों की राजनीतिक व्यवस्थाओं में यह देखना आवश्यक था कि वहाँ किस प्रकार के राष्ट्रवाद पनप रहे हैं? ये राज्य, राजनीतिक, आर्थिक और सांस्कृतिक स्तर पर किस प्रकार के असमंजसों को सामना

कर रहे हैं? इनके राजनीतिक विकास में नौकरशाही, सेना या धर्म ने क्या भूमिका निभाई है? आर्थिक पिछड़ेपन ने राजनीति की प्रवृत्ति को किस प्रकार प्रभावित किया है? आदि, इन प्रश्नों की जटिलता से यह तो स्पष्ट था कि इनका सीधा-साधा उत्तर दे सकना सम्भव नहीं है; किन्तु इनको व्यापक सन्दर्भ में समझना सम्भव लगा। इसका परिणाम यह हुआ कि तुलनात्मक-राजनीति को विकास के सामान्य पर्यावरण में समझने के लिए राजनीतिक विकास का नया दृष्टिकोण विकसित हुआ जो इतना व्यापक बनाया गया कि वह राजनीतिक संस्थाओं और संरचनाओं के विश्लेषण के अलावा सामाजिक, आर्थिक और सांस्कृतिक क्षेत्र की पारिस्थितिकीय शक्तियों को भी विश्लेषण में विशेष रूप से सम्मिलित कर सके।[5]

राजनीतिक विकास का अर्थ :– राजनीतिक विकास राजनीतिक परिवर्तन का दूसरा रूप है।[6] राजनीतिक विकास के अर्थ को लेकर विद्वानों में मतभेद है। राजनीतिक विकास के अर्थ को लेकर दो दृष्टिकोण प्रचलित है–

(क) राजनीतिक विकास का एक–मार्गी दृष्टिकोणः– राजनीतिक विकास के एक-मार्गी दृष्टिकोण मानने वाले विद्वान यह मानते हैं कि सभी राष्ट्र विकास के मार्ग से होते हुए आगे की ओर बढ़ रहे हैं। इस सम्बन्ध में पहली मान्यता यह है कि सभी राष्ट्रों में राजनीतिक विकास का केवल एक ही मार्ग है। दूसरी मान्यता यह है कि दुनिया के सभी राष्ट्र राजनीतिक विकास के इस मार्ग पर विकास की भिन्न-भिन्न अवस्थाओं में है। तीसरी मान्यता यह है कि राजनीतिक विकास के लिए प्रयत्नशील राष्ट्रों के सामने विकसित राष्ट्रों का आदर्श है। इस दृष्टिकोण के समर्थकों का अभिमत है कि ऐसे दो आदर्श हैं जिनमें से किसी एक आदर्श को विकसित राजनीतिक व्यवस्था का आदर्श माना जा सकता है। पहला आदर्श पाश्चात्य जगत के राष्ट्रों का है तथा दूसरा आदर्श चीन का है।

इस दृष्टिकोण में राजनीतिक विकास का एक-मार्ग और एक-मार्ग के कारण विकास की एक दिशा का होना ही स्वीकार किया गया है। अतः इस आधार पर किसी भी राजनीतिक व्यवस्था को अविकसित से विकसित की निरन्तर रेखा पर अंकित करके समझना कठिन नहीं होगा।

चित्र :–

राजनीतिक विकास की निरन्तर-रेखा
(राजनीतिक संस्कृति का लौकिकीकरण)

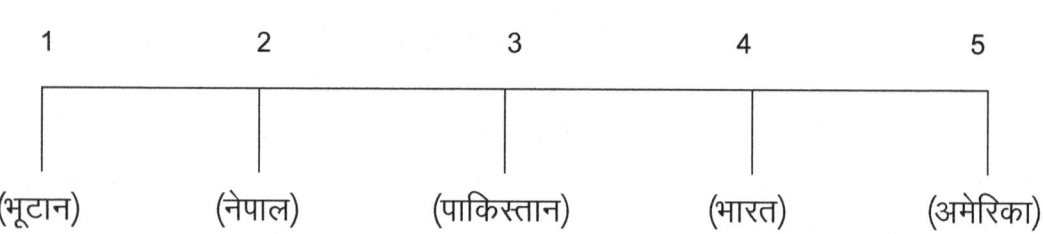

कम विकसित राष्ट्र				अधिक विकसित राष्ट्र
1	2	3	4	5
(भूटान)	(नेपाल)	(पाकिस्तान)	(भारत)	(अमेरिका)

उपरोक्त में विभिन्न राष्ट्रों का संस्कृति के आधार पर जो विकास निरन्तर पर अंकन किया है वह तथ्यों पर आधारित नहीं है। इस पर मतभेद ही होगें क्योंकि, राज्यों का यह स्थांनाकन केवल इस दृष्टिकोण के अनुसार विकास के इस एक–मार्गी दृष्टिकोण की तुलना विश्लेषणों में उपयोगिता स्पष्ट करने के लिए मनमाने ढंग से किया गया है।

(ख) राजनीतिक विकास का बहु–मार्गी दृष्टिकोण :– राजनीतिक विकास के बहु–मार्गी दृष्टिकोण के समर्थक राजनीतिक विकास को बहु–मार्गी मानते हैं। इस सम्बन्ध में पहली मान्यता यह है कि राजनीतिक विकास बहुदिशाई एवं बहु–आयामी है क्योंकि स्वंय विकास की अनेक दिशायें होती हैं। उनके अनुसार राजनीतिक विकास सामान्य विकास की धारा में समाई हुई किन्तु, स्पष्ट रूप से विशिष्ट धारा है। जब समाजों का विकास बहु–दिशाई है तो उनका राजनीतिक विकास भी बहु–दिशाई हो जाता है। दूसरी मान्यता, पहली मान्यता का परिणाम कही जा सकती है; यह मान्यता राजनीतिक विकास को बहु–मार्गी मानती है। इस मान्यता के पीछे यह धारणा है कि विकास बहु–मार्गीय ही होता है; क्योंकि ऐतिहासिक, आर्थिक, सामाजिक, सांस्कृतिक और राजनीतिक परिस्थितियों से विकास के उद्देश्य, लक्ष्य एवं दिशा का निर्धारण होता है तथा विकास की तरह ही राजनीतिक विकास के उद्देश्य, लक्ष्य एवं दिशा का निर्धारण होता है। अतः विकास की तरह ही राजनीतिक विकास भी बहु–मार्गी है। तीसरी मान्यता यह है कि राजनीतिक व्यवस्थाओं के सामने कोई एक–सा विकास आदर्श नहीं होता है। विकसित और साम्यवादी राज्यों में भी इन आदर्शों को लेकर इतनी भिन्नतायें हैं कि उनका आदर्श या लक्ष्य अपना सकना सम्भव ही नहीं है।

राजनीतिक विकास के मार्ग को लेकर इन दोनों दृष्टिकोणों में आंशिक सत्यता ही दिखायी देती है। पश्चिम या चीन के राजनीतिक विकास का प्रतिमान अब स्वीकार नहीं किया जाता है। विकासशील राष्ट्रों का राजनीतिक विकास अगर एक दिशा में ही हो रहा

होता तो उनकी प्रकृति को समझना अत्यन्त सरल हो जाता। वास्तविक कठिनाई यह है कि इन राष्ट्रों में विकास की एक दिशा और एक मार्ग नहीं है। यहाँ तक कि, राजनीतिक विकास के विभिन्न पहलुओं को लेकर भी भिन्नतायें और विभिन्नतायें पाई जाती है। इसलिए राजनीतिक विकास के मार्ग के सम्बन्ध में दूसरा दृष्टिकोण अधिक तर्कसंगत व सही लगता है।[7]

अतः इन दृष्टिकोणों से इतना स्पष्टीकरण हो पाया है कि राजनीतिक विकास बहुमुखी व बहुमार्गी प्रक्रिया है क्योंकि ऐतिहासिक, आर्थिक, सामाजिक, सांस्कृतिक और राजनीतिक परिस्थितियों से विकास के उद्देश्य, लक्ष्य एवं दिशा का निर्धारण होता है।

राजनीतिक विकास की परिभाषायें :– ल्यूशन पाई उन विद्वानों में था जिन्होंने सर्वप्रथम राजनीतिक विकास के गम्भीर विश्लेषण का कार्य अपने हाथों में लिया। ल्यूशन पाई ने अपनी पुस्तक कम्युनिकेशन एन्ड पॉलिटिकल डेवलपमेन्ट में लिखा है कि, राजनीतिक विकास संस्कृति का विसरण और जीवन के पुराने प्रतिमानों को नई माँगों के अनुकूल बनाने, उसके साथ मिलाने या उनके साथ सामंजस्य बैठाना है।[8]

ल्यूशन पाई ने अपनी पुस्तक आस्पेक्ट्स ऑफ पॉलिटिकल डेवलपमेन्ट में बड़े क्रमबद्ध ढंग से राजनीतिक विकास की विभिन्न परिभाषाओं की विवेचना निम्न प्रकार की है—

1. राजनीतिक विकास — आर्थिक विकास की पूर्व शर्त के रूप में,
2. राजनीतिक विकास — औद्योगिक समाजों की विशेषता–सूचक राजनीति के रूप में,
3. राजनीतिक विकास — राजनीतिक आधुनिकीकरण के पर्याय के रूप में,
4. राजनीतिक विकास — राष्ट्रीय राज्य की कार्य–प्रणाली के रूप में,
5. राजनीतिक विकास — प्रशासनिक तथा विधिक विकास के रूप में,
6. राजनीतिक विकास — जनता की गतिशीलता व सहभागिता के रूप में,
7. राजनीतिक विकास — लोकतन्त्र के निर्माण के रूप में,
8. राजनीतिक विकास — स्थायित्व एवं व्यवस्थित परिवर्तन के रूप में,
9. राजनीतिक विकास — शक्ति की गतिशीलता के रूप में,
10. राजनीतिक विकास — सामाजिक परिवर्तन की बहुआयामी प्रक्रिया के रूप में।[9]

आमण्ड व पावेल के अनुसार, राजनीतिक विकास राजनीतिक संरचनाओं की अभिवृद्धि, विभिन्नीकरण और विशेषीकरण तथा राजनीतिक संस्कृति का बढ़ा हुआ लौकिकीकरण

है।[10] आमण्ड और पावेल राजनीतिक विकास की सफलता को संरचनाओं के विभिन्नीकरण पर आश्रित मानते हैं। विभिन्नीकरण की सफलता राजनीतिक व्यवस्था की उपव्यवस्थाओं को स्वायत्तता प्राप्त होने पर सम्भव है। लौकिकीकरण से हम किसी भी देश की संस्कृति में बारे में जान पाते हैं। देश की संस्कृति उसके राजनीतिक विकास में सहायक होती है। लौकिकीकरण की एक विशेषता यह भी है कि इसमें समानता का अर्थ अन्तःनिहित है।

जाग्वाराइबने लिखा है कि, राजनीतिक विकास एक प्रक्रिया के रूप में राजनीतिक आधुनिकीकरण तथा राजनीतिक संस्थाकरण का जोड़ है।[11] जाग्वाराइब, राजनीतिक विकास को मुख्य और आधुनिकीकरण को गौण मानते हैं। जाग्वाराइब राजनीतिक विकास को प्राथमिकता देते हुए कहते हैं कि इसके अन्तर्गत आधुनिकीकरण का मुख्य आधार उन्होनें संस्थाओं को माना है। जाग्वाराइब, संस्थाओं उनकी स्पष्ट कार्य प्रणालियों विकसित कार्यक्रमों और उनकी संरचनात्मक उत्तमता पर बल देते हैं। जाग्वाराइब ने राजनीतिक विकास को सीमा के दायरे से मुक्त रखा है।

रिग्स ने राजनीतिक विकास की परिभाषा इस प्रकार दी है कि, अधिकारों के उपयोग के फलस्वरूप राज्य के कार्यों में नागरिकों की सहभागिता में वृद्धि और राजनीतिकरण की प्रक्रिया राजनीतिक विकास के तत्व हैं।[12] रिग्स ने बताया कि राजनीतिक विकास की मात्रा को, विकासशील व्यवस्था पर विकास परिणामों के पड़ने वाले प्रभाव के अनुपात द्वारा मापा जा सकता है। रिग्स ने व्यवस्था के द्वारा अपने पर्यावरण को रूपान्तरित करने की योग्यता तथा स्वयं की विशेषताओं को पर्यावरण के द्वारा निश्चित किये जाने के मध्य अनुपात के रूप में राजनीतिक विकास बताया। इस बढ़ती हुई योग्यता के कारण पर्यावरण को अपने अनुकूल करने की क्षमता तथा चयन क्षेत्र का विस्तार बढ़ जाता है। उससे राजनीतिक लक्ष्यों को प्राप्त करने के अनेक चयन मार्ग खुल जाते हैं।

राजनीतिक विकास के आयाम :— ल्यूशन पाई के राजनीतिक विकास की इस त्रिमुखी व्याख्या के आधार स्तम्भ समानता, क्षमता और विभिन्नीकरण है।

(क) समानता :— राजनीतिक व्यवस्था के व्यक्तियों में समानता के प्रति सामान्य भावना का उत्पन्न होना है। समानता को विस्तार से समझते हुए यह स्पष्ट होता है कि, समानता ऐसी अवस्था में आई हुई मानी जायेगी, जब राजनीतिक गतिविधियों में भाग लेने के, सभी लोगों को समान अवसर प्राप्त हों और राजनीतिक प्रक्रियाओं की जन–सहभागिता में किसी प्रकार का भेद–भाव नहीं हो। इससे स्पष्ट है कि राजनीतिक विकास के आयाम के रूप में

समानता से तात्पर्य इसकी निम्नलिखित विशेषताओं से है—
- (i) राजनीतिक सक्रियता के सभी स्तरों पर नागरिकों को समान अवसर प्राप्त हो,
- (ii) जब सहभागिता भेदभाव रहित हो,
- (iii) पराधीन और आदेश प्राप्त करने वाली जनता के स्थान पर राजनीतिक निर्णयों में सम्मिलित और सहयोगी जनता हो,
- (iv) कानूनों की सर्वव्यापकता अर्थात् समाज के सभी व्यक्ति एक से कानूनों के अनुसार शासित हों,
- (v) उपलब्धि के आधार पर ही राजनीतिक भर्ती हो।[13]

इस प्रकार के लक्षणों वाला राजनीतिक समाज, समानता वाला होगा। अतः राजनीतिक विकास का मौलिक लक्षण समानता है, जो केवल कानूनी ही नहीं वरन् व्यवहारिक भी होनी चाहिए।

(ख) विभिन्नीकरण तथा विशेषीकरण :— विभिन्नीकरण तथा विशेषीकरण राजनीतिक विकास का दूसरा आयाम है। राजनीतिक संरचनाओं की प्रकृति का राजनीतिक विकास से गहरा सम्बन्ध है। यह स्वतः ही प्रक्रियाओं के विशेषीकरण से सम्बद्ध हो जाता है। इसमें निम्नलिखित विशेषतायें सम्मिलित हैं—

- (i) राजनीतिक संरचनायें अलग-अलग कार्यों के लिए पृथक-पृथक होती हैं,
- (ii) कार्यात्मक दृष्टि से कार्यों का विभाजन होता है,
- (iii) प्रकार्यात्मक सुनिश्चितता होती है,
- (iv) संरचनाओं व प्रक्रियाओं के पुँजों का एकीकरण व उनमें समन्वय स्थापित होता है।[14]

इस प्रकार संरचनात्मक विभिन्नीकरण व विशेषीकरण को राजनीतिक विकास के लक्षण के रूप में देखा जाता है।

(ग) क्षमता :— राजनीतिक व्यवस्था की क्षमता, राजनीतिक विकास का प्रमुख आयाम है। समानता के लक्षण का सम्बन्ध सम्पूर्ण जन-समुदाय से है, जबकि क्षमता का सम्बन्ध राजनीतिक शक्ति की संरचनात्मक व्यवस्था की प्रभावकारिता से है। राजनीतिक विकास में राजनीतिक व्यवस्था की क्षमता वृद्धि की निम्नलिखित विशेषतायें हैं—

- (i) माँगों का समुचित समाधान,
- (ii) शासन की प्रभावशीलता,

(iii) सार्वजनिक नीति के क्रियान्वयन में प्रशासकीय निपुणता,

(iv) विवेक एंव लौकिकता।[15]

राजनीतिक विकास उसी राजनीतिक व्यवस्था में होता है, जिसकी क्षमता उपरोक्त आयामों से बढ़ जाती है। उदाहरणार्थ, समाज में उठने वाली माँगों में उचित व अनुचित सभी प्रकार की माँगें सम्मिलित होती हैं। अनुचित माँगों को दृढ़ता से अस्वीकार कर सकना राजनीतिक व्यवस्था की क्षमता का सूचक है।

ल्यूशन पाई ने समानता, विभिन्नीकरण और क्षमता को राजनीतिक विकास का लक्षण समष्टि कहा है। इसमें– (क) समानता का सम्बन्ध राजनीतिक संस्कृति और उन भावनाओं से है, जिनमें व्यवस्था की वैद्यता और उसके साथ प्रतिबद्धता बढ़ती है; (ख) विभिन्नीकरण का सम्बन्ध गैर–अधिकारिक संरचनाओं और समस्त समाज की सामान्य राजनीतिक प्रक्रियाओं से है; (ग) क्षमता का सम्बन्ध शासन की अधिकारिक संरचनाओं की कार्य निष्पादनता से बताकर राजनीतिक विकास को इनके आपसी सम्बन्ध के इर्द–गिर्द घूमती हुई अवधारणा बना देता है। अन्य विद्वानों ने भी राजनीतिक विकास के उपरोक्त तीन आयामों को प्रमुखता दी है। इस प्रकार राजनीतिक विकास एक बहुमुखी तथा जटिल प्रक्रिया है। उपरोक्त आयामों में कुछ तत्व क्रियाशील होते हैं, लेकिन उनमें चार प्रमुख हैं– राजनीतिक, सामाजिक, आर्थिक तथा बौद्धिक या शैक्षिक।[16]

राजनीतिक विकास के विभिन्न चरण :– हन्टिगंटन के अनुसार राजनीतिक विकास के तीन स्तर, चरण एवं अवस्थायें हैं–

(i) सत्ता की बुद्धि संगतता का स्तर, जिसमें अनेक स्थानीय सत्ताओं के स्थान पर एक केन्द्रीय सत्ता का निर्माण हो जाता है,

(ii) नये राजनीतिक कार्यों का विभिन्नीकरण और उनके लिए विशिष्ट संरचनाओं का विकास,

(iii) अभिवृद्धि सहभागिता जो सामाजिक समूहों और समाज के भागों को धीरे–धीरे केन्द्रीय सत्ता में सम्मिलित करने का स्तर है।

हन्टिगंटन की मान्यता है कि विकास की यह प्रक्रिया तभी सम्भव होती है, जब ये तीनों क्रिया–स्तर क्रमिक रूप से उपलब्ध किये जायें अर्थात् पहले के बाद दूसरा और फिर तीसरा स्तर आ सकता है। इन तीनों स्तरों का एक–दूसरे के ऊपर–नीचे या साथ–साथ प्रचालन द्यातक होता है और उसमें राजनीतिक विकास ही नहीं वरन् राजनीतिक पतन होता है। वह

स्वीकार करता है कि ये तीनों एक साथ, एक–दूसरे के ऊपर प्रचालित हो सकते हैं, जैसा कि आज अधिकांश विकासशील देशों में हो रहा है किन्तु उस अवस्था में यह विकास की द्यातक अवरोध अवस्था हो जायेगी।[17]आमण्ड ने विकास की चार अवस्थायें मानी हैं–

1. **राज्य–निर्माण के स्तर पर :–** केन्द्रीय सत्ता का निर्माण एवं विभिन्न समूहों काकेन्द्रीय सत्ता के अधिकार क्षेत्र में एकीकरण होता है। पहले स्तर में, राष्ट्रीय सरकार अपनी जनसंख्या पर प्रभावशाली राजनीतिक नियन्त्रण कायम कर लेती है। यह चरण राज्य की सुस्थिरता का चरण है, जिसमें राज्य के चारों तत्व–जनसंख्या, भू–भाग, सरकार और सम्प्रभुता विद्यमान होते हैं।

2. **राष्ट्र–निर्माण के स्तर पर :–**राष्ट्र के प्रति भक्ति व निष्ठा उत्पन्न होती है। यह औद्योगीकरण की प्रक्रियाओं एवं सामाजिक–राजनीतिक दृष्टि से ऐसे परिवर्तनों से सम्बन्धित है, जिसमें नये वर्गों का निर्माण, सहभागिता का विस्तार तथा राष्ट्रीय एकीकरण में अभिवृद्धि होती है।

3. **सहभागिता के स्तर पर :–**व्यक्ति एवं समूह राजनीतिक प्रक्रिया में व्यापक रूप से भागीदार होता है। जनता को शोषण से मुक्त तथा पूँजीगत साधनों का व्यापक स्तर पर वितरण किया जाता है।

4. **वितरण का स्तर :–** इस स्तर पर तमाम लाभों को सामाजिक क्षेत्रों में वितरित एवं निर्धारित कर सबकी पहुँच में लाया जाता है। इसमें प्रत्येक के लिए वस्तुओं की सामान्य उपलब्धि रहती है। यह स्तर वैज्ञानिक प्रविधियों तथा अत्यधिक परिष्कृत उपकरणों से अधिकाधिक उत्पादन का है। यह समृद्धि के वितरण का स्तर है, जैसा कि आजकल अमेरिका में होने लगा है। यह राजनीतिक विकास की सबसे जटिल अवस्था है।

आमण्ड की मान्यता है कि जिन समाजों में राजनीतिक विकास का अन्तिम स्तर आ गया है, वे सब इसी अनुक्रम से एक स्तर के बाद दूसरे स्तर में पहुँचते हैं। विकासशील देशों में यही अनुक्रम रहना आवश्यक है।[18]

राजनीतिक विकास की समस्यायें :– आमण्ड–पावेल ने राजनीतिक विकास से सम्बन्धित चार समस्याओं का उल्लेख किया है। प्रायः प्रत्येक राजव्यवस्था में इनका सामना करना पड़ता है।

1. **राज्य–निर्माण सम्बन्धी समस्या :–**इसमें राज्यव्यवस्था अपने क्षेत्र के भीतर और बाहर तक प्रवेश न करने तथा उनका एकीकरण करने सम्बन्धी समस्या से जूझती रहती है। इसमें

वैद्यता प्राप्त करने की समस्या निहित है।

2. राष्ट्र–निर्माण की समस्या :– इसमें राजव्यवस्था अपने आपको एक राष्ट्र बनाने के लिए राष्ट्र–निर्माण सम्बन्धी समस्या से उलझी रहती है।

3. सहभाग समस्या :– यह समस्या विभिन्न समूहों, वर्गों आदि की राजव्यवस्था की विनिश्चन प्रक्रिया में भाग लेने से सम्बन्धित माँगों से उत्पन्न होती है। यह सहभागिता को सम्भव बनाने की समस्या है।

4. वितरण समस्या :–यह लोक–कल्याण की माँग से सम्बन्धित होती है।[19] जिसमें आय, धन, अवसर तथा सम्मान के समुचित वितरण का दबाव राजव्यवस्था पर होता है। समानता लाने की समस्या इसके अन्तर्गत है। ज्यों–ज्यों राजनीतिक विकास का स्तर बढ़ता जाता है त्यों–त्यों इन समस्याओं का समाधान होने में सहायता मिलती जाती है।

ये चार समस्यायें आमतौर पर प्रत्येक राजनीतिक व्यवस्था में होती है। राजनीतिक व्यवस्था इन समस्याओं से किस प्रकार निपटती है, यही राजनीतिक विकास की प्रकृति का निर्धारण करता है।[20]

भारत समेत सभी विकासशील देशों में राजनीतिक विकास की कुछ प्रमुख समस्यायें हैं–

- राजनीतिक भ्रष्टाचार, विघटन एंव पतन की समस्या,
- राजनीतिक स्थायित्व की समस्या,
- राजनीतिक दलों के स्वस्थ विकास की समस्या,
- राजनीतिक हित और दबाव समूहों के समुचित रूप में संगठित और विकसित होने की समस्या,
- आंतकवाद, हिंसात्मक राजनीति से जुझने की समस्या,
- राजनीतिक विकास के मॉडल के चयन की समस्या।

सामाजिक परिवर्तन, आधुनिकीकरण और राजनीति में जनता की सहभागिता यह सब कुछ वांछनीय है, लेकिन इन दिशाओं में विवेकपूर्वक ही आगे बढ़ना होगा।

सेमुअल पी. हन्टिगंटन ने राजनीतिक क्षय की स्थितियों का ब्यौरा देते हुए–राजनीतिक अस्थायित्व, भ्रष्टाचार, सत्तावाद, हिंसा, संस्थात्मक पतन और राजनीतिक विघटन को जन्म देने वाली स्थितियों से बचने का परामर्श दिया है। आवश्यकता इस बात की है कि विकासशील देश राजनीतिक क्षय की स्थितियों से बचने के लिए सचेत रहे।[21] उदाहरणार्थ,

ईरान के शाह रजा पहलवी ने अपने देश में जिस रूप में आधुनिकीकरण को अपनाया वह राजनीतिक विकास की बजाए राजनीतिक क्षय की स्थिति बन गया। साम्यवादी रूस का विघटन राजनीतिक क्षय का ताजा उदाहरण है।

आमण्ड ने राजनीतिक संस्कृति में संरचनात्मक विकास को विभिन्न अभिवृद्धियों के साथ देखा है। उनका मत है कि विकास के प्रारम्भिक स्तरों में विभिन्न समूहों के लक्ष्यों के बीच संघर्ष एवं गहरे मतभेद होते हैं। ऐसी परिस्थितियों में नेतृत्व की प्रवृत्ति समस्या निवारण की न होकर यथास्थिति बनाये रखने की होती है। उद्योगों और शहरों के विकास के परिणामस्वरूप, परम्परागत समाज की व्यवस्था भंग होने के कारण अनेक नये वर्ग एवं समुदाय बन जाते हैं, जिससे संघर्ष तीव्रतर ही हुआ है। इन स्थितियों का शमन करने के लिए निम्न अभिकरण राजनीतिक विकास की प्रक्रिया में मुख्य रूप से भाग लेते हैं–

- क्रान्तिकारी राजनीतिक नेता, किसी संकट की स्थिति में सत्ता में आते हैं लेकिन सत्ता में आते ही उन्हें अनेक समस्याओं का सामना करना पड़ता है। उन्हें विकास की दृढ़ तथा चिरस्थायी नीतियाँ तुरन्त लागू करने की आवश्यकता होती है। उन्हें राष्ट्रीय एकता की स्थापना करने की सम्भवतः सर्वाधिक आवश्यकता होती है। ऐसे नेताओं को मध्यम मार्ग का अनुसरण करना चाहिए तथा उन्हें परम्परा एवं नवीनता दोनों के प्रति सद्भावना बरतनी चाहिए।

- राजनीतिक दल, राजनीतिक विकास की प्रक्रिया को गति प्रदान करते हैं। इन दलों के माध्यम से राजनीतिक नेतृत्व का विकास होता है। लोकतन्त्रिक पद्धति में राजनीतिक दल मतदान का विस्तार कर, राजनीतिक सहभागिता के अवसर प्रदान करते हैं।

- अविकसित देशों के शासन को स्थायित्व प्रदान करने कर कार्य सेना द्वारा किया जाता है। जब नेता वर्ग एवं राजनीतिक दल राजनीतिक विकास को नेतृत्व प्रदान करने में असफल होते हैं तो इन देशों के सामने केवल एक ही विकल्प रह जाता है कि सेना समस्त शक्तियों को अपने हाथों में लें। सेना के हस्तक्षेप से राजनीतिक विकास की प्रक्रिया तेज हो जाती है। विकासशील देशों में शासन को स्थायित्व प्रदान करने का कार्य राजनीतिक–तंत्र को अधिक कार्यकुशल तथा आधुनिक बनाकर किया जाता है। पाकिस्तान इसका उदाहरण रहा है।

- आधुनिक नौकरशाही द्वारा भी राजनीतिक विकास में परिवर्तनकारी भूमिका अदा की जाती है। नौकरशाही शासन को स्थिरता प्रदान करती है। परम्परागत समाज को आधुनिक परिवेश में लाने के प्रयत्न के साथ सुदृढ़ एवं कुशल नीतियों के माध्यम से राजनीतिक विकास का पथ प्रशस्त करती है।
- राष्ट्रीय भावना के विकास एवं राष्ट्रीय–राज्य के निर्माण से भी राजनीतिक विकास होता है। विकासशील देशों में जनसहभागिता पर बहुत अधिक बल दिया जाता है। सहभागिता के आधार पर देश में नागरिकता की स्थिति का पता लगाया जाता है।

भारत जैसे देशों में बुद्धिजीवी अभिजन वर्ग का बोल–बाला रहा है। ये बुद्धिजीवी अभिजन वर्ग, लक्ष्य का निर्धारण करते है। सुविधायें और लक्ष्य कहने को जन–समुदाय द्वारा निर्धारित माने जाते हैं, किन्तु वास्तव में जन–साधारण इनसे अनभिज्ञ होता है इसलिए ऐसे लाभ जिसके लिए जन–साधारण सचेत नहीं रहता, उसे प्राप्त नहीं हो पाते हैं। यह सत्य है कि लाभों और लक्ष्यों को जन–साधारण के सन्दर्भ में प्रस्तुत किया जाये लेकिन व्यवहार में, इन लक्ष्यों का निर्धारण उन्हीं बुद्धिजीवी अभिजन वर्ग के लिए होता है। इसलिए दबाव और भय जैसे मूल तत्व हमारी सामाजिक–राजनीतिक व्यवस्था में अभी तक विद्यमान हैं।

राजनीतिक विकास का भारतीय मॉडल :– भारत में राजनीतिक विकास, राजनीतिक मण्डलियों का आन्दोलन ही नहीं, अपितु इससे बहुत कुछ अधिक रहा है। ब्रिटिश साम्राज्यवाद का विरोध, पराधीन भारत में राजनीतिक विकास का स्थायी भाव है। विदेशी साम्राज्यवाद एक कटु वास्तविकता थी, साम्राज्यवाद विरोधी राष्ट्रीय आन्दोलन इसी कटुता से उत्पन्न ही नहीं अपितु विकसित भी हो रहा था। संसार के किसी भी देश की तुलना में भारतीय जनता की सांस्कृतिक–आध्यात्मिक इच्छा शक्ति अत्यधिक प्रबल रही है। सांस्कृतिक राष्ट्रीयता की यह विरासत अंग्रेजी साम्राज्यवाद के समक्ष चुनौती बनकर आई और स्वतन्त्रता का विहान अवश्यम्भावी हो गया। ब्रिटिश भारत में राजनीतिक विकास प्रत्येक चरण में, विदेशी शासन के प्रति निराशा, आक्रोश एवं असन्तोष की मात्रा पर निर्भर था।

बीसवीं सदी के आते–आते भारत का जनमानस साम्राज्यवादी एवं उपनिवेशवादी ताकतों से टकराने के लिए पूर्णतया तैयार हो गया। सभ्यता के उद्‌गम तथा देश के जागरण से पश्चिम का झूठा दंभ और अहंकार टूटने लगा, लगता था कि भारतीय आजादी का शतदल कमल साम्राज्यवादी लिरसा की कीचड़ से खिल रहा था; जैसे खराद से कटकर हीरे के सहस्र पहलू बन जाते हैं वैसे ही साम्राज्यवादी शोषण की चक्की में पिसकर, तपकर, भारत में

राजनीतिक विकास के विविध पहलू उजागर हुए।

स्वाधीन भारत विकसित देशों की श्रेणी में आने के लिए प्रयत्न करने वाले राष्ट्रों में अग्रणी है। इसलिए इसे हम परिवर्तनशील समाज का आदर्श मॉडल मान सकते हैं। विगत तिहत्तर वर्षों में, भारत में राजनीतिक विकास जिस चरण तक पहुँचा है उसमें राजनीतिक क्षय कितना है? क्या वास्तव में हमारी सामाजिक–राजनीतिक–आर्थिक व्यवस्था में कोई परिवर्तन आया है? लेकिन भारत के तमाम आँकड़े और अध्ययन इन प्रश्नों के उचित उत्तर देने में असमर्थ है।

भारत ने पश्चिमीकरण और आधुनिकीकरण की दिशा में राजनीतिक विकास की जोरदार शुरूआत की लेकिन बिना अपनी परम्परागत सामाजिक–रूढ़िवादी व्यवस्था को बदलते हुए, यही कारण है कि आजादी के इतने वर्षों के बाद भी हम राजनीतिक विकास जैसी उपलब्धियों से परे हैं। हमारी सामाजिक व्यवस्था में क्षेत्रवाद, जातिवाद, असामनता विद्यमान है। आँकड़ों की दृष्टि से, औद्योगीकरण, नवीन निर्वाचन पद्धति आदि सम्पन्नता और विकास के दर्शाते हैं, लेकिन वास्तव में इनका गुणात्मक महत्त्व कम है। समानता की दिशा में हमारे प्रयास ज्यादा सार्थक नहीं है। हमारी सामाजिक व्यवस्था में अज्ञानता व्याप्त है। भारत के एक विशाल देश होने के कारण क्षेत्र और जनसंख्या दोनों दृष्टि से यहाँ विभिन्न संस्कृतियाँ पायी जाती हैं। विभिन्न जातियों के कारण भाषा और क्षेत्र की समस्या है। इसलिए राजनीतिक विकास को कई चुनौतियों का समाना करना पड़ता है, यही कारण है कि राजनीतिक विकास, भारतीय वातावरण में जटिल समस्या बनकर उभरा है।

गढ़वाल मण्डल में राजनीतिक विकास :– विभिन्न समुदायों तथा क्षेत्रों में राजनीतिक विकास की गति कभी भी एक समान नहीं होती। विकसित तथा अविकसित समाजों में भी राजनीतिक विकास की गति में व्यापक अन्तर होता है। सामान्यतः विकसित समाजों में राजनीतिक विकास की गति प्रखर होती है जबकि विकासशील समाजों में इसकी गति अपेक्षाकृत शिथिल होती है।

गढ़वाल मण्डल में राजनीतिक विकास की प्रक्रिया देश के अन्य भागों के समरूप नहीं रही है। भारत में राष्ट्रीय चेतना के प्रादुर्भाव के साथ–साथ ही, धीरे–धीरे राजनीतिक विकास की प्रक्रिया भी प्रारम्भ हुई। गुलामी के दिनों में राजनीतिक विकास की प्रक्रिया जो अति मन्द थी, उसमें बदलाव आने लगा और इस तरह विभिन्न सामाजिक, आर्थिक कानूनों ने राजनीतिक विकास की गति को प्रभावित किया।

गढ़वाल मण्डल में भी राजनीतिक विकास की प्रक्रिया स्वाधीनता संघर्षकाल के दौरान से प्रारम्भ हुई। राजसत्ता काल में गढ़वाल सामाजिक–आर्थिक क्षेत्र में बहुत पिछड़ गया था। भौगोलिक विषमताओं तथा दुरहताओं के कारण गढ़वाल मण्डल में राजनीतिक विकास की प्रक्रिया को वह गति तथा दिशा प्राप्त नहीं हो पाई, जो वाँछित थी। पिछड़ापन गढ़वाल मण्डल के राजनीतिक विकास के लिए एक बहुत बड़ी बाधा सिद्ध हुआ, किन्तु स्वाधीनता के बाद भी स्थापित विभिन्न लोकतान्त्रिक संस्थाओं ने गढ़वाल मण्डल के राजनीतिक विकास को समुचित पोषण प्रदान नहीं किया। गढ़वाल मण्डल में समय–समय पर जो समाज सुधार आन्दोलन, पर्यावरण सुधार आन्दोलन तथा राजनीतिक आन्दोलन हुए उनमें राजनीतिक विकास की गति को पर्याप्त बढ़ावा नहीं मिला।

पृथक् उत्तराखण्ड आन्दोलन भी इसी राजनीतिक विकास की प्रक्रिया का प्रतिफल था; क्योंकि नवीनतम् संस्थाओं की स्थापना की माँग और नवीनतम् राजनीतिक अपेक्षायें राजनीतिक विकास के विशिष्ट लक्षणों को अपने में समाहित किये रहते हैं। गढ़वाल मण्डल का जन–समुदाय भी इस प्रक्रिया से अछूता नहीं रहा। परिणामस्वरूप उत्तराखण्ड आन्दोलन की परिणति उत्तराखण्ड राज्य के रूप में हुई।

सभी देशों की अपनी पृथक्–पृथक् समस्यायें हैं, अतः उन सभी के लिए राजनीतिक विकास का एक सर्वमान्य ढाँचा न तो बनाना सम्भव है और न ही उपयोगी, आवश्यकता इस बात की है कि विकासोन्मुख देश पश्चिम का अनुकरण न करके अपने लिए एक ऐसी दिशा का चयन करके चलें जो उनके ऐतिहासिक और सांस्कृतिक मूल्यों के अनुकूल होते हुए भी विश्व के तेजी से बदलते हुए पर्यावरणों के अनुकूल हो। यदि राजनीतिक विकास का अर्थ ऐसे समाज के निर्माण से जोड़ा जायेगा जिसका लक्ष्य अत्यधिक भौतिक सामग्री का उपयोग करना हो तो ये निर्धन–राष्ट्र कभी भी विकसित राष्ट्रों की श्रेणी में नहीं आ पायेगें। वस्तुतः राजनीतिक विकास को एक वृहत् सन्दर्भ देकर उसे मानव–विकास से जोड़ने की आवश्यकता है।

इन्हीं सब तथ्यों को दृष्टिगत रखते हुए भारत के एक प्रखण्ड गढ़वाल मण्डल के सन्दर्भ में राजनीतिक विकास का अध्ययन करने के लिए किसी अवधारणा विशेष को मापक नहीं बनाया। बनाया भी नहीं जा सकता था, क्योंकि भारतीय परिवेश की अपनी अलग विशेषतायें हैं।

उल्लेखनीय है कि पाश्चात्य विद्वानों की राजनीतिक विकास सम्बन्धी किसी अवधारणा को

विशिष्टतः इस अध्ययन का आधार नहीं बनाया गया है। तदपि उनके सिद्धान्तों अथवा संरचनाओं के तत्त्व सहभागिता, प्रशासनिक क्षमता, दलीय व्यवस्था, लोक–कल्याण और एकीकरण को अध्ययन का आधार बनाया गया है। अतः यह पुस्तक भारत के विभिन्न राज्यों में क्षेत्रीयतावाद, भाषावाद, जातिवाद आदि के आधार पर उपजे राजनीतिक आन्दोलनों को समझने में सार्थक उपयोगिता वाला सिद्ध हो सकेगी; ऐसी आशा की जा सकती है।

संदर्भ–सूची

1. नारायण, इकबाल, राजनीति शास्त्र के मूल सिद्धान्त, रतन प्रकाशन मन्दिर, आगरा, 1992, पृष्ठ–03।
2. बिल्लौरे, डी. के., समकालीन राजनीतिक विचार, श्री सुनीता प्रकाशन, इन्दौर,1998, पृष्ठ–85।
3. तिवारी, बीना, कुमाऊँ मण्डल विकास निगमः संरचना, कार्य एवं क्षेत्रीय विकास में योगदान, (अप्रकाशित शोध–प्रबन्ध), कुमाऊँ वि. वि. नैनीताल, पृष्ठ–158।
4. तदैव, पृष्ठ–159।
5. गेना, सी. बी., आधुनिक राजनीतिक सिद्धान्त, विकास पब्लिशिंग हाऊस प्रा. लि, नई दिल्ली, 1993, पृष्ठ–147।
6. बिल्लौरे, डी. के., पूर्वोक्त, पृष्ठ–86।
7. गेना, सी. बी., पूर्वोक्त, पृष्ठ–124–126।
8. पाई. ल्यूशन डब्लू., कम्युनिकेशन एण्ड पॉलिटिकल डेवलमेन्ट, प्रिंस्टन, यूनिवर्सिटी प्रैस, प्रिस्टन, 1963, पृष्ठ–19।
9. माहेश्वरी, एस. आर., तुलनात्मक राजनीति, लक्ष्मी नारायण अग्रवाल, पुस्तक प्रकाशक, आगरा, 1997, पृष्ठ–197–198।
10. आमण्ड एण्ड पावेल, कम्प्रैटिव पॉलिटिक्स : ए डेवलमेन्ट एप्रॉच, लिटिल ब्राउन एण्ड कम्पनी, बोस्टन, 1966, पृष्ठ–25।
11. जग्वाराइब हीलियो, पॉलिटिकल डेवलमेन्ट : ए जनरल थ्योरी एण्ड ए लैटिन अमेरिकन केस स्टडी, हॉरपर एण्ड रो, न्यूयार्क, 1973, पृष्ठ–193।

12. रिग्स, एफ. डब्लू., ब्यूरोक्रेट्स एण्ड पॉलिटिकल डेवलमेन्ट : ए पैराडोक्सिकल व्यू लिटन ब्राउन, प्रिंस्टन एन. जे., 1963, पृष्ठ–139।

13. पाई, ल्यूशन डब्लू., आस्पेक्ट्स ऑफ पॉलिटिकल डेवलमेन्ट, लिटिल ब्राउन एण्ड कम्पनी, न्यूयार्क सिटी, 1966, पृष्ठ–45।

14. पाई, ल्यूशन डब्लू., पूर्वोक्त, पृष्ठ–47।

15. नन्दलाल, मीना सिंह, विकास और अल्प विकास के सिद्धान्त राजनीतिक सन्दर्भ में, प्रतियोगिता दर्पण, जुलाई–1995, पृष्ठ–1864–1865।

16. पाई, ल्यूशन डब्लू., पूर्वोक्त, पृष्ठ–45–47।

17. गेना, सी. बी., पूर्वोक्त, पृष्ठ–133।

18. गेना, सी. बी., तुलनात्मक राजनीति, विकास पब्लिशिंग हाऊसप्रा.लि., नई दिल्ली, 1996, पृष्ठ–198।

19. वर्मा, श्यामलाल, आधुनिक राजनीतिक सिद्धान्त, मिनाक्षी प्रकाशन, मेरठ, 1998, पृष्ठ–631।

20. घई, यू. आर., आधुनिक राजनीतिक विश्लेषण, न्यू ऐकेडेमिक पब्लिशिंग कम्पनी, जालन्धर, 1993, पृष्ठ–379।

21. सिंह, वी. पी., भारत में राजनीतिक विकास : एक व्यवहारवादी अध्ययन, (यू.जी.सी., मेजर रिसर्च प्रोजेक्ट इन पॉलिटिकल साइन्स)अप्रकाशित शोध प्रबन्ध, 2000, पृष्ठ–48।

अध्याय–दो

अध्ययन क्षेत्र : परिचयाँकन

युगों–युगों से हिमालय मनुष्य मात्र के लिए जिज्ञासा का विषय रहा है, ऐसा माना जाता है कि सृष्टि के आरम्भ में मनुष्य का जन्म सर्वप्रथम हिमालय पर हुआ, आर्यों का आदि निवास स्थल भी हिमालय ही था। वैदिक एवं पौराणिक काल से ही देवभूमि के नाम से विख्यात यह पर्वतीय क्षेत्र अपने प्राकृतिक सौन्दर्य एवं धार्मिक मान्यताओं के कारण दूर–दूर तक जाना जाता रहा है।[1] वैदिक साहित्य, जातक ग्रन्थों, जैन एवं बौद्ध साहित्य तथा पौराणिक आख्यानों द्वारा उत्तराखण्ड के विविध प्राकृतिक रूपों और विषयों पर व्यापक प्रकाश डाला गया है। प्राचीन भारतीय इतिहास, साहित्य, धर्म–ग्रन्थों तथा विदेशी पर्यटक–यात्रियों के लेखों में उत्तराखण्ड की प्राकृतिक सीमाओं का विशद उल्लेख मिलता है।[2]

उत्तराखण्ड राज्य गढ़वाल तथा कुमाऊँ दो मण्डलों में विभक्त है। इसके अन्तर्गत 13 जनपदों को शामिल किया गया है, जिनमें से अधिकांश जनपद पर्वतीय है।

गढ़वाल मण्डल की भौगोलिक पृष्ठभूमि :– गढ़वाल मण्डल कुमाऊँ के पश्चिम में, हिमालय प्रदेश के पूर्व में और जनपद बिजनौर तथा सहारनपुर के उत्तर में, पृथ्वी की विषुवत् रेखान्तर $29^{0}26'10"$ और रेखांश के $78^{0}12'0"$पर स्थित है।[3]

गढ़वाल को प्राचीन भारतीय साहित्य में केदारखण्ड एवं मानसखण्ड के नाम से पुकारा गया है। इस क्षेत्र की एक लम्बी प्राकृतिक सीमा भी है जो इस क्षेत्र की पृथक् भौगोलिक पहचान बनाती है। इस क्षेत्र की मुख्य विशेषता इसकी प्राकृतिक बनावट तथा भू–आकृति है। गढ़वाल मण्डल की उत्तरी सीमा तिब्बत से लगी हुई अन्तर्राष्ट्रीय सीमा है। गढ़वाल मण्डल के पश्चिम में टौन्स नदी तथा हिमाचल प्रदेश है। पूर्व में पिथौरागढ़, बागेश्वर, अल्मोड़ा, ऊधमसिंह नगर और नैनीताल जनपदों की सीमाएँ हैं तथा दक्षिण में हरिद्वार, सहारनपुर एवं बिजनौर जनपदों की सीमाएँ हैं। वर्तमान समय में गढ़वाल मण्डल के अन्तर्गत उत्तरकाशी, रूद्रप्रयाग, चमोली, टिहरी, पौड़ी, देहरादून तथा हरिद्वार* जनपद आते हैं। गढ़वाल मण्डल का कुल भौगोलिक क्षेत्रफल 30090 वर्ग0किमी0** है।

---

* जनपद हरिद्वार को अध्ययन क्षेत्र में शामिल नहीं किया गया है।

**जनपद हरिद्वार को छोड़कर।

सारणी–2.1

गढ़वाल मण्डल में जनपदवार कुल भौगोलिक क्षेत्रफल[4]

जनपद	कुल क्षेत्रफल (वर्ग किमी०)	ग्रामीण क्षेत्रफल (वर्ग किमी०)	नगरीय क्षेत्रफल (वर्ग किमी०)
उत्तरकाशी	8016	7988.98	27.02
चमोली	8030	7990.47	39.53
रूद्रप्रयाग	1984	1971.25	12.75
टिहरी गढ़वाल	3642	3575.89	66.11
देहरादून	3088	2815.70	272.30
गढ़वाल	5329	5256.84	72.16
योग	30089	29599.13	489.87

स्पष्ट होता है कि क्षेत्रफल की दृष्टि से चमोली एवं उत्तरकाशी क्रमशः सबसे बड़े जनपद हैं।

(अ) प्रमुख पर्वत श्रेणियाँः–

1. तराई भाबर क्षेत्रः–यह क्षेत्र गंगा–यमुना तथा रामगंगा नदी का मैदानी समतल तथा उपजाऊ क्षेत्र है, यह गढ़वाल मण्डल की दक्षिणी सीमा भी बनाता है। इस भू–भाग में स्थित मुख्य नगर विकासनगर, देहरादून, डोईवाला, ऋषिकेश और कोटद्वार का कुछ हिस्सा सम्मिलित है।[5]

2. शिवालिक पर्वत श्रेणियाँ :–भाबर क्षेत्र के उत्तरी भाग में टीले मिलने लगते हैं जो कि शिवालिक श्रेणी का अवशेष है तथा भाबर क्षेत्र की उत्तरी सीमा पश्चिम से पूर्व तक विस्तृत है। शिवालिक श्रेणियों की औसत ऊचाँई लगभग एक हजार फीट तक है। शिवालिक पर्वत श्रेणियों पर सामान्यतः हिमपात नहीं होता और लगभग 40 इन्च वर्षा होती है। जब महाहिमालय पर हिम के भीषण तूफान आते हैं तो कभी–कभी शिवालिक श्रेणियों पर भी थोड़ा हिमपात हो जाता है।

शिवालिक श्रेणियों का निर्माण मुख्यतः कोंगलो भारेट, बालुज शिलाओं और चूने की चट्टानों से हुआ है। इसकी ढ़ालों पर उपजाऊ मिट्टी नहीं मिलती परन्तु पेड़–पौधे सरलता

से उग आते हैं। कम ऊँची श्रेणियाँ साल, बाँस, खैर, बेर, ढाक, मालू आदि के छुट–पुट वनों से ढकी हैं। ऊँची श्रेणियों पर यत्र–तत्र चीड़ के वृक्ष भी मिलते हैं।

3. लघु अथवा मध्य हिमालय पर्वत श्रेणियाँ:– ये श्रेणियाँ विभिन्न डाडों के रूप में विभाजित हैं। बीच–बीच में अनेक छोटे–बड़े पठार हैं। इन डाडों की ऊँचाई साधारणतः 7 हजार फीट तक होती है। ये पर्वत श्रेणियाँ बाँस, चीड़, देवदार, बुराशं, मोदू आदि के अति सुन्दर सघन वनों से आच्छादित हैं। लघु हिमालय पर्वत श्रेणियों तथा शिवालिक पर्वत श्रेणियों की शाखाएँ एक–दूसरे से इस प्रकार सटी है कि इनकी पृथक् एवं सही पहचान करना कठिन है। जलवायु की दृष्टि से इस श्रेणी के पठार सर्वोत्तम हैं। शीतकाल में इस श्रेणी के अधिकांश क्षेत्र में लगभग एक मास तक हिमपात होता है, परन्तु कभी–कभी निचले भागों में हिम गिरता है जो शीघ्र ही पिघल जाता है। प्रसिद्ध पर्वतीय नगर मसूरी, लैन्सडौन, पौड़ी इत्यादि इसी भाग में स्थित हैं।

4. महाहिमालय पर्वत श्रेणियाँ :–लघु अथवा मध्य हिमालय पर्वत श्रेणियों की उत्तरी सीमा पर पश्चिम से पूर्व तक लगभग 30 मील की ऊँचाई में महाहिमालय पर्वत श्रेणियाँ फैली हैं, जिनकी औसत ऊँचाई 20 हजार फीट से अधिक है। इस क्षेत्र में 80 से अधिक शिखर 22 हजार फीट से अधिक ऊँचे हैं[6] जिन पर उत्तराखण्ड के प्रमुख तीर्थ स्थान हैं। इनके बीच कुछ ऐसे शिखर हैं जो संसार के सर्वोच्च और सर्वोत्तम शिखरों में गिने जाते हैं। प्रमुख पर्वत शिखर–नन्दा देवी–25661 फीट, कामेट–25373 फीट, बद्रीनाथ–23210 फीट, केदारनाथ–22790 फीट, नन्दाकोट–22538 फीट आदि स्थित है। महाहिमालय पर्वत श्रेणी की दक्षिणी ढालों पर 10,000 फीट तक की ऊँचाई पर चीड़, देवदार, बाँस, बुराशं, खटानू, मोदू और कहीं–कहीं भोजपत्र के सुन्दर वन हैं।

5. जन्सकर पर्वत श्रेणियाँ :– महाहिमालय पर्वत श्रेणी की उत्तरी ढाँलों से आगे भारत–तिब्बत सीमान्त तक जन्सकर हिमालय फैला है। जिसकी औसत ऊँचाई 18 हजार फीट से अधिक है। इस श्रेणी से भारत और तिब्बत की अनेक छोटी बड़ी नदियाँ निकलती है। इस श्रेणी में कामेट शिखर तथा अनेक गिरिद्वार जिनमें जेलूखगा, माणा, नीती, चारेद्ढोती, शलशल, कुंगरी, बिंजरी, दरगा तथा लिपुलेख मुख्य है।[7] ये गिरिद्वार अति प्राचीन काल से ही भारत–तिब्बत के बीच मनुष्यों के आवागमन, व्यापार, तीर्थयात्रा और सामाजिक दृष्टि से अत्यन्त महत्त्वपूर्ण रहे हैं।

(ब) गढ़वाल की मुख्य नदियाँ:–गढ़वाल मण्डल में गंगा, यमुना, अलकनन्दा, मन्दाकिनी, धौली, पिण्डर, नयार, भिलंगना, तमसा, प्रभृति अनेक नदियाँ सहस्रों छोटे–बड़े नालों के

अतिरिक्त है, परन्तु इनमें सबसे मुख्य नदियाँ गंगा व यमुना मानी जाती हैं।[8] ये दोनों नदियाँ महाहिमालय पर्वत श्रेणी एवं जन्सकर पर्वत श्रेणी से निकलने वाली नदियाँ हैं। इस श्रेणी से निकलने वाली नदियों में वर्ष भर जल भरा रहता है, परन्तु शिवालिक एवं लघु हिमालय पर्वत श्रेणियों से निकलने वाली नदियों में ग्रीष्मकाल एवं शीतकाल में जल की मात्रा घट जाती है, क्योंकि जन्सकर श्रेणियों से निकलने वाली नदियों में ग्रीष्मकाल में बर्फ पिघलने से जल का प्रभाव रहता है। यमुना और इसकी सहायक नदी टौन्स, भागीरथी और इसकी सहायक जाड़ गंगा, भिलंगना एवं अलकनन्दा तथा इनकी सहायक नदियाँ क्रमशः सरस्वती, विष्णुगंगा, धौलीगंगा, मन्दाकिनी और पिण्डर नदी में वर्ष भर असीम जल रहता है। वहीं लघु हिमालय से निकलने वाली रामगंगा तथा शिवालिक से निकलने वाली खासन, सौंग आदि नदियों में जल स्तर बहुत घट जाता है। गढ़वाल हिमालय से निकलने वाली नदियाँ जहाँ एक ओर भारत के एक बड़े भू–भाग को शस्य–श्यामला बनाने वाली प्राणदायिनी है, वहीं दूसरी ओर गढ़वाल मण्डल के भू–भाग में इन नदियों का कोई विशेष योगदान नहीं हो पाता; इसका मुख्य कारण नदियों की सतह का कृषि योग्य भूमि से काफी नीचे होना है पहाड़ी पहाड़ी धरातल होने के कारण नदियाँ यहाँ तीव्र गति से बहती हैं जिससे नदियों का पानी यहाँ की भूमि पर कम ही रुकता है।

(स) प्रमुख झीलें एवं ताल :– नदियों एवं हिमानियों के अतिरिक्त गढ़वाल मण्डल में अनेक झीलें तथा ताल भी विद्यमान हैं, जिनमें– रूपकुण्ड, हेमकुण्ड, ताराकुण्ड, संतोपंथताल, ढोड़िताल, देवरियाताल, आँछरीताल, यमताल, सहस्रताल, वासुकीताल, चोरीवारीताल, नरसिंहताल, सिद्धताल, देवताल, वेणीताल, सुखताल, ब्रह्मताल, नचिकेताताल आदि प्रमुख हैं।

(द) वन–सम्पदा :– गढ़वाल मण्डल का अधिकांश भाग अमूल्य वन–सम्पदा से आच्छादित है। अध्ययन की दृष्टि से समुद्रताल से ऊँचाई के आधार पर गढ़वाल मण्डल के वन–सम्पदा को चार भागों में विभक्त किया गया है–

1. उप–उष्ण वन (800 से 4000 फीट तक) :– ये वन हिमालय के निचले क्षेत्र में पाये जाते हैं। उत्तर–पश्चिम से दक्षिण–पूर्व तक विस्तृत यह क्षेत्र शिवालिक पर्वत श्रेणियों के रूप में प्रसिद्ध है। यहाँ सर्वाधिक साल के वृक्ष पाये जाते हैं, अन्य वृक्षों में सेमल, शीशम, खैर, कन्जू, हल्दू, बेर, जामुन इत्यादि के वृक्ष बहुत अधिक मात्रा में पाये जाते हैं। इस क्षेत्र में नदियों के किनारे बेल तथा बाँस के जंगल भी मिलते हैं।

2. शीतोष्ण–वन (4000 से 6500 फीट तक) :– ये वन शिवालिक पर्वत श्रेणियों से ऊँची

पर्वत श्रृंखलाओं में फैला हुआ है तथा इस क्षेत्र में मुख्यतः चीड़ के वृक्ष पाये जाते हैं। चीड़ के वृक्ष से लीसा एवं बहुपयोगी तत्त्व का उत्पादन होता है।

3. सम–शीतोष्ण वन (6500 से 10000 फीट तक) :– इस क्षेत्र के वनों में मुख्यतः कटली प्रजातियों तथा सदैव हरे–भरे वन पाये जाते हैं। इन वनों में देवदार, कैल एवं मुराण्डा के वृक्ष पाये जाते हैं। कोसा, मतारी, कुरगती एवं हार्विल से गंगोत्री तक देवदार के अत्यन्त चित्ताकर्षक एवं घने वन देखने योग्य हैं।

4. उप–हिमाद्री और हिमाद्री वन (10000 से 15000 फीट तक) :– इस क्षेत्र के प्रारम्भ में विभिन्न प्रजातियों की झड़ियाँ तथा ऊँचाई बढ़ने पर घास के विशाल मैदान पाये जाते हैं; जिन्हें स्थानीय भाषा में बुग्याल तथा पंचार कहा जाता है।[9]

गढ़वाल मण्डल के वन, जगंली–झाडियों की भरमार से पशु–पक्षियों एवं जड़ी–बुटियों की अधिकता पाई जाती है। वनों में नाना प्रकार के हिरन, खरगोश, हाथी, बन्दर, लगूंर, मोर, कबूतर, चकोर, बाघ, चीता आदि पाये जाते हैं। ऊँचे पर्वतों पर कस्तूरी मृग एवं अत्यन्त सुन्दर पंखों वाला मोनाल पक्षी भी पाया जाता है।

(य) जलवायु :– गढ़वाल मण्डल की जलवायु में पर्वत श्रृंखलाओं की दिशा, पर्वतीय ढाल की स्थिति, पर्वतीय ढाल पर सूर्य का प्रकाश, वन क्षेत्र की सघनता और हिम प्रदेश की निकटता के कारण अत्यधिक विविधता पाई जाती है। मानसून का प्रभाव जून के अन्त से सितम्बर माह के मध्य तक रहता है। उच्च हिमालयी क्षेत्र में जनवरी से मार्च माह के प्रारम्भ तक हिमपात होता रहता है। इस क्षेत्र में 1500 मीटर की ऊँचाई तक प्रचुर वर्षा होती है, जैसे–जैसे ऊँचाई बढ़ती जाती है वैसे–वैसे सामान्य तापक्रम गिरता जाता है। 1500 मीटर से 3000 मीटर की ऊँचाई तक सर्दियों में प्रचुर हिमापत के साथ कड़ाके की बर्फीली हवाएं चलती है। उच्च पर्वतीय चोटियों और उनके निकटवर्ती इलाकों में तो ध्रुव क्षेत्र जैसी ठंड पड़ती है। यह उच्च समग्र भू–भाग वर्ष भर हिमाच्छादित रहता है। इसी क्षेत्र में गंगा–यमुना तथा इनकी सहायक नदियों के उद्‌गम स्थल है।

(र) खनिज सम्पदा :– भू–गर्भशास्त्रियों ने गढ़वाल मण्डल में नाना प्रकार की धातु, उपधातु और मूल्यवान पत्थरों की खानों के अस्तित्व की सम्भावना व्यक्त की है, परन्तु खोज न होने से सब छिपी पड़ी है। जिन खानों का पता प्राचीनकाल में लगा था उनमें से प्रमुख धनपुर और बगोड़ी में ताँबें की खानें, दशोली, कुजवी और कुर्दली भरपूर मात्रा में लोहे की खाने एवं रवाई परगने की गिट्‌टी–पिट्‌टी में शीसे की खाने हैं।

गंगा, अलकनन्दा की रेत से धोबी लोग सोना निकालते हैं तथा लोगों का अनुमान है कि टकनोर परगने के सूकी ग्राम के ऊपर सोनगढ़ नामक नाले के मूल पर सोने की खान है। हिमालय में अभ्रक कई जगह निकलता है। कच्चे हीरे के टुकड़े प्रायः बहुत जगह मिट्टी में मिलते हैं, जिनको गढ़वाली बिजोत्रा कहते हैं।

गढ़वाल मण्डल में सफेद, लाल, काली और पीली मिट्टी, चूने के पत्थरों तथा स्लेटो की खानें अधिकाधिक मात्रा में पायी जाती हैं। इन स्लेटो को गढ़वाली लोग मकान की छतों पर बिछाते हैं।प्रचलित खानें अब बन्द पड़ी हैं, उनके बन्द होने का कारण उससे धातुओं के निकालने में आय से अधिक व्यय हो जाता है। बिजली की शक्ति से काम लेने के सुभीते हैं, किन्तु रेल न होने से माल को बाहर लाने की सुविधा नहीं है। बहुमूल्य धातु–रत्नों की खोज के समय में शासकों का उदासीन भाव पाया जाता है।[10]

गढ़वाल मण्डल की ऐतिहासिक पृष्ठभूमि :– ऐतिहासिक प्रमाणों के अभाव में इस हिमालयी क्षेत्र का प्रारम्भिक इतिहास लोकगाथाओं और किवदन्तियों पर आधारित होने के कारण इसका क्रमबद्ध इतिहास प्राप्त नहीं हो पाता है।[11]

महर्षि वेद व्यास ने स्कन्दपुराण के एक भाग केदारखण्ड में इस पर्वत क्षेत्र के भूगोल और इतिहास का विस्तारपूर्वक वर्णन किया है। महाभारत आदि अनेक ग्रन्थों में भी विभिन्न नामों से गढ़वाल का परिचय मिलता है। सम्पूर्ण गढ़वाल को स्कन्द पुराण के केदारखण्ड में केदार मण्डल के नाम से पुकारा गया है। भारत वर्ष के उत्तरी हिमालय के पाँच खण्डों में तीसरा खण्ड केदारखण्ड वर्तमान में गढ़वाल के नाम से विख्यात है।

खण्डाः पंच्च हिमालयस्य कथिता नेपाल कूर्माचलै ।
केदारोथ जलधरोथ रुचिरः काश्मीर संज्ञान्तिम।।[12]

अर्थात् पहला खण्ड नेपाल प्रदेश, दूसरा खण्ड कूर्माचल (कुमाऊँ मण्डल), तीसरा खण्ड केदारखण्ड (गढ़वाल मण्डल), चौथा खण्ड जालन्धर अर्थात् पंजाब का पर्वतीय भाग तथा पाँचवा खण्ड काश्मीर है। इन पांचों खण्डों में से केदारखण्ड अब गढ़वाल मण्डल के नाम से विख्यात है।

गढ़वाल शब्द एक यौगिक है जो गढ़ तथा वाल शब्द से मिलकर बना है। गढ़ शब्द किला तथा वाल शब्द होने से सम्बन्धित है। वाल शब्द गढ़ शब्द के साथ प्रत्यय के रूप में जुड़ गया है। इस प्रकार गढ़वाल इस क्षेत्र की ओर इंगित करता है, जहाँ भूतकाल में ऐसे अनेक स्थान थे जिनके नामों के साथ गढ़ शब्द जुड़ा हुआ था। इससे यह तथ्य स्पष्ट होता

है कि भूतकाल में गढ़वाल में अनेक छोटे–बड़े गढ़ थे। ऋग्वेद में गढ़वाल में एक सौ गढ़ों का उल्लेख मिलता है।[13] गढ़वाल नाम इस देश का सम्वत् 1557 और सम्वत् 1572 विक्रमी के बीच अर्थात् सन् 1500 से 1515 ई0 के बीच रखा जाना पाया जाता है।[14]

ऐतिहासिक दृष्टि से गढ़वाल को चार खण्डों में विभाजित किया गया है–

1. देवकालीन गढ़वाल,
2. रामायण कालीन गढ़वाल,
3. महाभारत कालीन गढ़वाल,
4. आधुनिक गढ़वाल।

आर्यावर्त के आर्य, देव व असुर कहलाते थे। देवों के समान कार्य न करने वाले असुर होते थे। देवों से निरन्तर संघर्ष होने के कारण असुरों को हेय दृष्टि से देखा जाता था। यही दस्यु कहे जाने वाले लोग आर्यों के भय से इस निर्जन सघन वन–पूरित पर्वतों की खाईयों में जा छिपे थे और वहाँ रहते हुए खेती–बाड़ी करने लगे। वह ऐसा समय था जब पुराणों की रचना नहीं हुई थी, जिसे वैदिक काल कहा जाता है।

इतिहासकारों का मानना है कि आर्यों के आगमन से पूर्व भारत की प्राचीन जातियाँ गंधर्व, किन्नर, किरात, कोल, भील, तंगण, खश और दरद आदि जातियाँ भी इसी भू–भाग में रहती थी। कालान्तर में, जितनी भी जातियाँ देवों के विपक्ष में उठीं, उन्हें देवों ने समाप्त कर दिया और हिमालय के दक्षिणी क्षेत्र में अपना आर्यावर्त बना लिया। आय लोग अपने ब्रह्यवर्त को छोड़कर आर्यावर्त में आ गये। जलप्लावन के पश्चात् सप्त ऋषियों की सन्तानों ने अनेक भागों में जाकर राज्य किया।

उत्तर वैदिक काल में आर्यों के छोटे–छोटे राज्य थे। इनमें दो वंश प्रसिद्ध हुए–प्रथम मानव (मनु) से सूर्यवंश और द्वितीय ऐल का चन्द्रवंश। सूर्यवंश के प्रथम राजा मनु का पुत्र इक्ष्वाकु हुआ। इक्ष्वाकु के वंशज कोशल देश के राजा हुए। मांधाता जो सूर्यवंशी प्रजापी राजा थे उन्होने उत्तर भारत को जीतकर कोशल राज्य बनाया था। इसी वंश में सगर, भगीरथ, दलीप, रघु, दशरथ और रामचन्द्र आदि प्रतापी राजा हुए। चन्द्रवंश के प्रथम राजा पुरुरवा थे, इनकी चौथी पीढ़ी में ययाति हुआ। इनके पांचों पुत्रों ने पाँच शाखा वंश चलाये, उनमें यदु से यादव और पुरु से पौरव हुए। इसी वंश में महाप्रतापी राजा भरत हुए, जिनका जन्म शकुन्तला के गर्भ से हुआ था। शकुन्तला खश जाति की कन्या थी, जो कोटद्वार के निकट कण्व ऋषि के कण्वाश्रम में पली थी। इस गढ़वाली कन्या से हस्तिनापुर के राजा दुष्यन्त ने

विवाह किया था।

श्रीरामचन्द्र के पश्चात् यादवों और पौरवों की तीव्रगति से वृद्धि हुई। पौरवों के समय पांचाल, उत्तर भारत का सर्वप्रधान राज्य हो गया था। आगे चलकर इसी वंश में धृतराष्ट्र और पांडु दो भाई हुए। धृतराष्ट्र के दो पुत्र गांधारी से तथा पांडु के पांच पुत्र कुंती और माद्री से हुए। कौरवों और पांडवों में बचपन से ही शत्रुता हो गयी थी, शत्रुता बढ़ती गई और अन्त में महाभारत का भीषण युद्ध हुआ। महाभारत काल के पश्चात् इस क्षेत्र का ऐतिहासिक परिचय पाणिनी की अष्टाध्ययी में मिलता है। पाणिनी ने कुलिंद गणराज्य का उल्लेख विक्रम ईसा पूर्व पाँचवी शती में किया था।

कुणिद नरेश बौद्ध धर्म को मानने वाले थे, अतः उन दिनों उत्तराखण्ड में बौद्ध धर्म का खूब प्रचार और प्रसार हुआ। रामगंगा उपत्यका क्षेत्र में नन्दवंश की स्थापना के साथ ही सम्पूर्ण कुणिद गणराज्य ने उसकी आधीनता स्वीकार कर ली थी। कुछ काल पश्चात् चाणक्य और चन्द्रगुप्त मौर्य ने शक, खस, किरात आदि आयुधजीवी जातियों की सेना को संगठित किया। मौर्य सेना में उत्तरा के खस सैनिकों को विशेष प्रतिष्ठा प्राप्त थी। चन्द्रगुप्त का राज्यारोहण सन् 340 ई0 में हुआ। तीसरी शताब्दी तक गढ़वाल–कुमाऊँ का कुणिद साम्राज्य छिन्न–भिन्न होकर छोटी–छोटी ठकुराइयों वाले राज्यों में बँटकर रह गया था, उस समय गढ़वाल–कुमाऊँ को ब्रह्मपुर कहा जाता था।

इसके पश्चात् दीर्घकाल तक उत्तराखण्ड में कत्यूरियों का शासन रहा। कत्यूरी राजाओं की राजधानी पहले जोशीमठ थी, सन् 1000 ई0 के लगभग उन्होने अपनी राजधानी कुमाऊँ के बैजनाथ में स्थापित की, किन्तु इसके बाद शासन कत्युरियों के नियन्त्रण में न रह कर पुनः छोटी–छोटी ठकुराइयों में विभाजित हो गया। गढ़वाल में अनेक गढ़ों के रक्षक स्वयं राजा बन गये। उत्तराखण्ड में कत्यूरी शासनकाल में कला–कौशल की विशेष उन्नति हुई, इनके राज्य काल में कई मन्दिरों, मूर्तियों और कलात्मक भवनों का निर्माण हुआ। आदिबदरी, सिमली, कीर्तिकेयपुर (जोशीमठ), बाडाहाट, लाखामण्डल, जागेश्वर, बागेश्वर और बैजनाथ उत्तराखण्ड में देवी–देवताओं की मूर्तियाँ बनाने के केन्द्र थे। कत्यूरी शासन में ज्योतिष, आयुर्वेद, संस्कृत, तन्त्र–मन्त्र और साहित्य का काफी प्रचार हुआ। कत्यूरी शैली के मन्दिर उस समय की महान देन है। कत्यूरी शासन के सूर्यास्त तथा गोरखा राज्य से पूर्व तक उत्तराखण्ड दो भिन्न–भिन्न राजवशों (कुमाऊँ में चन्द्रवंश तथा गढ़वाल में पवाँर वंश) के अधीन रहा।

राजा कनकपाल की 36वीं पीढ़ी तक, पवाँर वंश चाँदपुरगढ़ में शासन करता रहा। सैंतीसवें राजा अजयपाल सन् 1500 ई0 में गद्दी पर बैठे, वें शक्तिशाली व पराक्रमी राजा थे; जिन्होने गढ़वाल के सभी गढ़पतियों को पराजित कर एक सुसंगठित राज्य स्थापित किया। राजा अजयपाल ने ही गढ़वाल की सीमाओं का निर्धारण किया तथा अपनी राजधानी चाँदपुर से देवलगढ़ में स्थापित की और पुनः पाँच वर्ष पश्चात् सन् 1517 ई0 में श्रीनगर आकर नई राजधानी का निर्माण किया। गढ़वाल नामकरण महाराज अजयपाल की देन है।[15]

18वीं शताब्दी में गढ़वाल पर पहले रोहिलो और फिर गोरखाओं के आक्रमण प्रारम्भ हुए। गढ़वाल हिमालय की ऐश्वर्यशीलता के कारण सहारनपुर के रोहिला सरदार नजीबुउदौला, जिसे नजीबखान के नाम से जाना जाता है, का इस क्षेत्र पर ध्यान आकृष्ट हुआ। सन् 1754 के अन्त तक नजीबखान ने सहारनपुर जनपद के समस्त भाग को अपने अधीन कर लिया। सन् 1757 ई0 में उसने गढ़वाल के राजा के अत्यन्त निर्बल प्रतिरोध का अन्त कर अपनी सत्ता स्थापित की। रोहिला सरदार के शासन में इन घाटियों का समुचित विकास हुआ। सन् 1770 ई0 में नजीबखान की मृत्यु के पश्चात् इन घाटियों के इस समृद्धि का समय भी नष्ट हो गया।[16]

इसी समय कुमाऊँ और गढ़वाल के मध्य संघर्ष छिड़ गया। कुमाऊँ के प्रमुख अधिकारी हर्षदेव जोशी और जयानन्द जोशी ने गढ़वाल के महाराजा ललितशाह को कुमाऊँ पर आक्रमण के लिए आमन्त्रित किया। सन् 1779 ई0 में गढ़वाली सत्ता ने कुमाऊँ के राजा मोहनचन्द्र को परास्त कर दिया। प्रद्युम्नशाह कुमाऊँ के शासक बन गये किन्तु मोहनचन्द्र की मृत्यु के पश्चात् वे पुनः गढ़वाल आ गये, उस समय अखण्ड गढ़वाल के अन्तिम शासक प्रद्युम्नशाह थे। अखण्ड गढ़वाल के अन्तर्गत वर्तमान पौड़ी, चमोली, टिहरी, उत्तरकाशी, देहरादून जनपद पूर्णरूप से तथा सहारनपुर और बिजनौर जनपद के कुछ भाग सम्मिलित थे।[17]

सन् 1790 ई0 में नेपाल के गोरखाओं द्वारा कुमाऊँ पर आक्रमण कर दिया गया। 1791 ई0 में गोरखाओं ने गढ़वाल विजय की योजना बनायी। सितम्बर 1792 ई0 में दोनों पक्षों के मध्य सन्धि हो गयी, इस सन्धि के अनुसार गढ़वाल के राजा प्रद्युम्नशाह ने रूपये 25,000,00 प्रतिवर्ष नेपाल के राजा को देना स्वीकार किया।

इसके पश्चात् सन् 1815 ई0 तक गढ़वाल पर गोरखाओं का शासन रहा। गोरखाओं के इन बारह वर्षों के शासन को जुल्म का युग कहा जाता है। 24 अप्रैल सन् 1815 ई0 से

कुमाऊँ पर अग्रेंजी शासन प्रारम्भ हुआ तथा कुछ समय पश्चात् गढ़वाल पर भी अग्रेंजो का आधिपत्य हो गया। सन् 1816 ई0 गढ़वाल राज्य के इतिहास में काफी महत्त्वपूर्ण रही। इसी वर्ष गढ़वाल राज्य दो भागों में विभक्त हो गया–

1. पूर्वी गढ़वाल,
2. पश्चिमी गढ़वाल।

मन्दाकिनी नदी और अलकनन्दा नदी का सम्पूर्ण भाग जो अब चमोली तथा पौड़ी गढ़वाल दो जनपदों में विभक्त है। इन भागों को कुमाऊँ कमिश्नरी का रूप देकर ब्रिटिश राज्य में मिलाया गया, इस प्रकार पूर्वी गढ़वाल ब्रिटिश गढ़वाल हो गया। पश्चिमी गढ़वाल जिसकी सीमा अलकनन्दा एवं मन्दाकिनी नदी मानी गई हैं। गढ़वाल राज्य अथवा टिहरी गढ़वाल राज्य के रूप में महाराजा सुदर्शनशाह के पास रह गया, टिहरी इस राज्य की राजधानी थी। पश्चिमी गढ़वाल के महाराजा सुदर्शनशाह का राज्य काल सन् 1859 ई0 तक रहा। सुदर्शनशाह का राज्यकाल प्रशंसनीय था। सन् 1857 ई0 के गदर में महाराज सुदर्शनशाह ने अपनी शक्ति भर ब्रिटिश सरकार को सहायता दी। गदर की सहायता के बदले में ब्रिटिश सरकार महाराज सुदर्शनशाह को बिजनौर का कुछ इलाका देना चाहती थी परन्तु महाराज सुदर्शनशाह उसके बदले में देहरादून और ब्रिटिश गढ़वाल चाहते थे,[18] किन्तु 1859 ई0 में जून के माह में उनका स्वर्गवास हो गया।

महाराजा सुदर्शनशाह के बाद महाराजा भवानी शाह सन् 1859 ई0 से 1871 ई0 तक शासन करते रहे। इसके पश्चात् 1871 से 1886 ई0 तक महाराजा प्रतापशाह तथा 1886 से 1913 ई0 तक महाराजा कीर्तिशाह का राज्यकाल रहा। उसके पश्चात् 59वें महाराजा नरेन्द्रशाह और उनके बाद महाराजा मानवेन्द्रशाह हुए। टिहरी रियासस एवं ब्रिटिश गढ़वाल 1 अगस्त, 1949 में स्वतन्त्र भारत के उत्तर प्रदेश राज्य में विलीन हुए। देश के स्वतन्त्रता आन्दोलन में इस क्षेत्र के लोगों का विशेष योगदान रहा है। पेशावर कांड के नायक चन्द्र सिंह गढ़वाली का नाम स्वार्णिम पन्नों में अंकित है। नेता जी की आजाद हिन्द फौज में इस क्षेत्र के अनेक सैनिक थे। स्वतन्त्र भारत में उत्तराखण्ड के सपूत पं. गोविन्द बल्लभ पन्त आधुनिक चाणक्य स्व. हेमवती नंदन बहुगुणा तथा वर्तमान में स्व. नारायण दत्त तिवारी अन्तर्राष्ट्रीय ख्याति प्राप्त नेता हुए है। स्वतन्त्र राष्ट्र बन जाने के पश्चात् सन् 1949 में टिहरी गढ़वाल को एक जनपद के रूप में स्वीकार कर लिया गया। 24 फरवरी, 1960 में उत्तराखण्ड शब्द की उत्पत्ति के समय तहसील चमोली को नये जपनद के रूप में रखा गया।

उसी समय टिहरी गढ़वाल जनपद की उत्तरकाशी तहसील को अलग जनपद का रूप दिया गया। चमोली जनपद का मुख्यालय चमोली, उत्तरकाशी जनपद का उत्तरकाशी एवं टिहरी गढ़वाल जनपद का मुख्यालय नरेन्द्रनगर हुआ। 1 जनवरी, 1969 को गढ़वाल तथा कुमाऊँ दो मण्डलों का गठन किया गया। जनवरी 1970 में चमोली, उत्तरकाशी, टिहरी गढ़वाल और पौड़ी गढ़वाल जनपदों को मिलाकर गढ़वाल मण्डल का निर्माण किया गया। 1970 में चमोली जनपद का मुख्यालय चमोली से गोपेश्वर स्थानान्तरित कर दिया गया। सन् 1975 में देहरादून को मेरठ मण्डल से अलग कर गढ़वाल मण्डल में सम्मिलित कर लिया गया।

सन् 1977 के पश्चात्, उत्तराखण्ड के विकास के लिए पर्वतीय विकास विभाग को एक मन्त्रालय के रूप में मान्यता दी गई। सन् 1990–91 टिहरी जनपद का मुख्यालय नरेन्द्रनगर से नई टिहरी स्थानान्तरित कर दिया गया। 1997 में चमोली, पौड़ी एवं टिहरी जनपद के लगे हुए कुछ भागों को रुद्रप्रयाग तहसील में मिलाकर रुद्रप्रयाग जनपद का गठन किया गया। 9 नवम्बर, 2000 को हरिद्वार जनपद को गढ़वाल मण्डल का एक हिस्सा मान लिया गया है। वर्तमान में गढ़वाल मण्डल में देहरादून, हरिद्वार, टिहरी गढ़वाल, उत्तरकाशी, चमोली, रूद्रप्रयाग तथा पौड़ी गढ़वाल सात जनपद है।[19] 9 नवम्बर, 2000 को उत्तराँचल नाम से गढ़वाल मण्डल और कुमाऊँ मण्डल को मिलाकर एक पूर्ण राज्य का दर्जा प्राप्त हो गया है।

गढ़वाल मण्डल का जननांकिकीय परिचय :– जन–सख्या की दृष्टि से गढ़वाल मण्डल उत्तराखण्ड प्रदेश का कुमाऊँ मण्डल की तुलना में अधिक आबादी वाला क्षेत्र है। गढ़वाल मण्डल में विषम भौगोलिक पर्यावरणीय परिस्थिति के कारण जनसंख्या का वितरण असमान रहा है। उच्च हिमालय श्रेणी में जहाँ वर्ष में अधिक समय तक बर्फ पड़ी रहती है, जनसंख्या का अनुपात काफी निम्न है। दूसरी तरफ घाटियों एवं तराई भाबर क्षेत्र में जनसंख्या का अनुपात अधिक है।

सारणी–2.2

जनपदवार भौगोलिक क्षेत्रफल एवं जनसंख्या का घनत्व[20]

जनपद	जनसंख्या		कुल जनसंख्या	क्षेत्रफल (वर्ग किमी)	जनसंख्या घनत्व (वर्ग प्रति किमी)
	पुरुष	स्त्री			
देहरादून	892199	804495	1696694	3088	549
गढ़वाल	326829	360442	687271	5329	129

टिहरी गढ़वाल	297986	320945	618931	3642	170
चमोली	193991	197614	391605	8030	49
उत्तरकाशी	168597	161489	330086	8016	41
रूद्रप्रयाग	114589	127696	242285	1984	122

स्पष्ट होता है कि रुद्रप्रयाग जनपद जनसंख्या की दृष्टि से गढ़वाल मण्डल का सबसे छोटा जनपद तथा देहरादूनएवं गढ़वाल क्रमशः बड़े जनपद है।

सारणी–2.3

जनपदवार ग्रामीण एवं नगरीय जनसंख्या[21]

जनपद	जनसंख्या		कुल जनसंख्या
	ग्रामीण	नगरीय	
उत्तरकाशी	305781	24305	330086
चमोली	332209	59396	391605
रूद्रप्रयाग	232360	9925	242285
टिहरी गढ़वाल	548792	70139	818931
देहरादून	754753	941941	1686694
गढ़वाल	574568	112703	697271
योग	2748463	1218409	3966872

स्पष्ट होता है कि गढ़वाल मण्डल के देहरादून जनपद को छोड़कर बाकी सभी जनपदों में नगरीय जनसंख्या का प्रतिशत कम है। उत्तरकाशी, पौड़ी, चमोली, टिहरी एवं रुद्रप्रयाग जनपदों की अधिकतर जनसंख्या गावों में निवास करती है। देहरादून जनपद में गाँव एवं शहरों में रहने वाली जनसंख्या लगभग बराबर है।

सारणी–2.4

गढ़वाल मण्डल में जनपदवार (लिंगानुपात)[22]

जनपद	पुरुष	स्त्री	प्रति हजार पुरुषों पर महिलाओं की संख्या

उत्तरकाशी	168597	161489	958
चमोली	193991	197614	1019
रूद्रप्रयाग	114589	127696	1114
टिहरी गढ़वाल	297986	320945	1077
देहरादून	892199	804495	902
गढ़वाल	326829	360442	1103

स्पष्ट होता है कि देहरादून, तथा उत्तरकाशी जनपदों को छोड़कर अन्य जनपदों रुद्रप्रयाग, गढ़वाल, टिहरी गढ़वाल और चमोली में स्त्रियों की संख्या पुरुषों की संख्या से अधिक है; क्योंकि इन जनपदों के अधिकांश पुरुष सेना, पुलिस, शासकीय तथा अशासकीय सेवाओं के लिए गाँवों से पलायन कर जाते हैं।

सारणी–2.5

गढ़वाल मण्डल में जनपदवार साक्षर व्यक्ति तथा साक्षरता का प्रतिशत[23]

जनपद	साक्षर व्यक्ति		कुल	कुल साक्षरता दर (प्रतिशत में)
	पुरुष	स्त्री		
उत्तरकाशी	128237	86889	215126	75.8
चमोली	155395	125161	280556	82.7
रूद्रप्रयाग	91803	79130	170933	81.3
टिहरी गढ़वाल	227406	180588	407994	76.4
देहरादून	702216	557290	1259506	84.2
गढ़वाल	262148	232741	494889	82.0

स्पष्ट होता है कि उत्तरकाशी में साक्षरता का कुल प्रतिशत 75.8, टिहरी गढ़वाल में 76.4, रुद्रप्रयाग में 81.3, गढ़वाल में 82.0, चमोली में 82.7 तथा देहरादून में 84.2 प्रतिशत है। साक्षरता की दृष्टि से जनपद उत्तरकाशी एवं टिहरी गढ़वाल काफी पिछड़ा है।

गढ़वाल मण्डल की सामाजिक संरचना :– गढ़वाल मण्डल के समस्त जनपदों में सामाजिक जीवन एक समान नहीं है। दीर्घकाल से देश के विभिन्न प्रान्तों एवं निकटवर्ती

क्षेत्रों से विभिन्न लोग यहाँ आकर बसते रहे हैं। इस क्षेत्र में मैदानी तथा पर्वतीय क्षेत्रों की विभिन्न प्राचीन सभ्यता, संस्कृति तथा सामाजिक जीवन का प्रभाव देखने को मिलता है। इस सम्पूर्ण क्षेत्र के निवासी मुख्यतः गढ़वाली तथा हिन्दी भाषा का प्रयोग करते हैं। यहाँ के मूल निवासियों को गढ़वाली कहा जाता है।

गढ़वाली समाज में प्रारम्भ से ही संयुक्त परिवार प्रथा प्रचलित थी। धीरे-धीरे यह प्रथा टूटने लगी और वर्तमान में संयुक्त परिवार प्रथा न रहकर एकल परिवार की प्रथा विकसित हो रही है। क्षेत्र के निवासियों में पहले ऊँच-नीच का भेदभाव अत्यधिक पाया जाता था; किन्तु, वर्तमान में यह भेदभाव निरन्तर कम होता जा रहा है फिर भी सर्वविदित है कि वर्तमान समय में भी मुख्य जातियों के मध्य परस्पर खान-पान एवं शादी-ब्याह हो जाते हैं। उपजातियों में आज भी एक-दूसरे के हाथ का भात खाने का परहेज है परन्तु, धीरे-धीरे समय के साथ-साथ यह परम्परा अब शिथिल हो रही है। गढ़वाली समाज में खान-पान में भी भिन्नता पाई जाती है। गढ़वाल में विशेषकर क्षत्रियों में माँस खाने व आखेट करने की प्रथा रही है। क्षत्रियों के अतिरिक्त ब्राह्मणों की भी आंशिक प्रजातियाँ भी माँसाहारी हैं।

ठगी, डकैती एवं संगीन जुर्म गढ़वाल में प्रायः कम ही देखे जाते हैं। उत्सव, विवाह एवं धार्मिक कार्यों पर गढ़वाली एक-दूसरे की पर्याप्त सहायता करना अपना धर्म समझते हैं। यहाँ पर प्रत्येक कार्य धार्मिक अनुष्ठान पूर्ण होने पर ही किया जाता है। बसन्त पंचमी को भूमि-पूजन करके नवीन वर्ष की खेती का शुभारम्भ किया जाता है। गढ़वाली लोग यज्ञ, होम, तुलसी, पीपल, गाय इत्यादि को पूजनीय मानते हैं। शादी-ब्याह, जन्म-मरण के कार्यों में गाय का पूजन शुभ माना जाता है।

शताब्दियों से पर्वतीय द्वीप से घिरे रहने के कारण अधिकांश निवासियों का अपना संसार यहीं तक सीमित था।[24] फलस्वरूप गढ़वाल हिमालय के निवासियों की वेशभूषा, भोजन, ग्रामों, मकानों, जीवन-यापन पद्धतियों, अस्थाई एवं स्थाई सम्पत्तियों, आचार-विचार स्वभाव, मान्यताओं, धार्मिक विश्वासों, परम्पराओं, पारिवारिक व सामाजिक व्यवस्था आदि की उनके जीवन के प्रत्येक पहलू पर अमिट छाप दिखाई देती है।[25] वर्तमान समय में गढ़वाल मण्डल के नगरीय क्षेत्रों में पाँच जातियों ब्राह्मण, क्षत्रीय, वैश्य, अनुसूचित जाति तथा अनुसूचित जनजाति का स्थान आता है; परन्तु, ग्रामों में वैश्यों का अभाव है। वैश्य जाति के कार्य इन्हीं जातियों के द्वारा सम्पन्न कराये जाते हैं।

गढ़वाल मण्डल में पर्यटन, धार्मिक तथा परिवहन के साधनों की सुविधाओं के कारण

हिन्दुओं के अतिरिक्त मुस्लिम, सिक्ख, ईसाई, बौद्ध तथा जैन धर्मों का भी सम्मिश्रण देखने को मिलता है। नवीन परिस्थितियों (साक्षरता, पर्यटन, परिवहन के साधनों की सुगमता) के प्रभाव के परिणामस्वरूप परम्परागत रुढ़िवादिता एवं अन्धविश्वासों का लोप होने लगा है। खान–पान सम्बन्धी मान्यता में परिवर्तन आ रहा है। वैवाहिक सम्बन्धों में अन्तर्जातीय विवाह को प्रोत्साहन मिल रहा है।

गढ़वाल मण्डल की सांस्कृतिक संरचना :– सांस्कृतिक दृष्टि से भी इस क्षेत्र की विशिष्ट पहचान है। गढ़वाली संस्कृति हिमालय की तरह उन्नत, गंगा की भाँति निर्मल, अलकनन्दा एवं मन्दाकिनी की तरह रसवन्ती और गतिशील है। संस्कृति का उद्‌भव जन–समुदाय से होता है। जन–समुदाय एक समाज और एक व्यवस्था के रूप में ही श्रेष्ठ मूल्यों वाले संस्कारों से जुड़कर जीवन उपयोगी व्यवस्था में स्वतः ही बनाता चला जाता है जिसको संस्कृति कहते हैं। संस्कृति में किसी भी समाज के रीति–रिवाज, विश्वास, धर्म, कला, विज्ञान, नैतिकता, सामाजिक व्यवस्था, आर्थिक विचार, राजनीतिक विचार तथा परम्परायें आ जाती हैं। सांस्कृतिक समृद्धता एवं लोक जीवन की इन्द्रधनुष झाँकी जिस रूप में गढ़वाल की भूमि में दृष्टिगोचर होती है, शायद ही किसी अन्य क्षेत्र में दिखाई दें। यहाँ की धरती के कण–कण में देवता निवास करते हैं। प्रायः पर्वत की प्रत्येक चोटी पर देवालय स्थित है।

सामान्य गढ़वाली लोग भूत–प्रेत, जादू–टोने व पूजा–पाठ में अधिक आस्था रखते हैं। गहन धार्मिक विश्वासों एवं सुदृढ़ संस्कारों के परिणामस्वरूप यहाँ के लोग दान, पुण्य, तीर्थयात्रा, श्राद्ध, तर्पण, अतिथि–सत्कार, व्रत, उपवास आदि को अधिक महत्त्व देते हैं।[26] देवी–देवताओं को प्रसन्न रखने के लिए पशु–बलि की प्रथा भी प्रचालित रही है। ग्रामीण क्षेत्रों में चिकित्सा सुविधाओं के कारण छोटी–छोटी व्याधियों में निवासियों को देवता या भूत नचाने वाले पुजारियों, पण्ड़ों, गणक, पुछेरा आदि के चगुलों में फँसा हुआ देखा जा सकता है। जोगी–जगम, हस्तरेखा निरीक्षक और स्थानीय तान्त्रिकों पर आज भी सामान्य लोगों की आस्था देखी जा सकती है।

गढ़वाल मण्डल चार धामों केदारनाथ, बद्रीनाथ, गंगोत्री, यमनोत्री तथा अन्य दर्शनीय स्थलों के लिए भी प्रसिद्ध है। भारतीय संस्कृति को प्रभावित करने वाले देवताओं का, गढ़वाल की भूमि एवं संस्कृति से अति निकटता का सम्बन्ध है। भगवान राम ने देवप्रयाग में तप किया तथा श्रीनगर (पौड़ी गढ़वाल) में रात्रि में कमलेश्वर मन्दिर में भगवान शिव की पूजा की थी। महाभारत के पांडवों की लीला भूमि भी यही थी। केदारनाथ में उन्हें भगवान शिव के महिष रूप में दर्शन

हुए थे। कौरवों का जौनसार बाबर में अधिक प्रभाव था और उनकी वहाँ देवताओं के रूप में पूजा–अर्चना होती थी। भगवती, नन्दा एवं काली माँ के रूप में क्रमशः यहाँ कई शक्ति एवं सिद्धपीठ हैं, जैसे– काली मठ, धारीदेवी, सुरकण्डा देवी और कुंजापुरी इत्यादि। बौद्ध धर्म का भी इस क्षेत्र में पर्याप्त प्रभाव रहा है, कालसी (जनपद देहरादून) का अशोक स्तम्भ भी बौद्ध धर्म का प्रतीक है। जैन धर्म के प्रवर्तक महावीर भी गढ़वाल में आये थे। जिनका मन्दिर श्रीनगर (पौड़ी गढ़वाल) में विद्यमान है। सिक्खों के गुरू गोविन्द सिंह ने भी हेमकुण्ड लोकपाल नामक लक्ष्मणताल के किनारे तपस्या की थी। वैदिक धर्म के यशस्वी जगतगुरु शंकराचार्य ने जोशीमठ में अपनी पीठ की स्थापना की। नाग, यक्ष, किन्नर, किरात, कुणिन्द, खस, तंगण आदि अनेक धर्मों के लोग यहाँ आये परन्तु, गढ़वाल ने सभी संस्कृतियों को अपने आप में समेट कर एक ही संस्कृति बना दिया।[27] भारतीय संस्कृति का सुन्दर, स्पष्ट एवं सूक्ष्म किन्तु पवित्र रूप गढ़वाल में ही दिखता है।

गढ़वाली भाषा :–गढ़वाल हिमालय की 90 प्रतिशत से भी अधिक जनसंख्या भाषा के रूप में गढ़वाली का प्रयोग करती है। इसके अतिरिक्त गढ़वाल की जनता हिन्दी भाषा से भी अनभिज्ञ नहीं हैं। गढ़वाली भाषा का अपना एक विशिष्ट स्थान है। गढ़वाली भाषा संस्कृत तथा प्राकृत भाषा के संयोग से बनी हुई एक उत्कृष्ट भाषा है। कुछ शब्द इसमें उर्दू के भी पाये जाते हैं। गढ़वाली भाषा में प्राचीन साहित्य गीत एवं पावड़ों के रूप में उपलब्ध है।

गढ़वाली साहित्य के सुधार में विद्वानों ने कुछ ग्रन्थों की रचना की है जिसमें पं. सहदेव घिल्डियाल, पं. गोविन्द प्रसाद घिल्डियाल, पं. लीलादत्त कोरनाला, भगवतीप्रसाद पांथरी, रमाप्रसाद घिल्डियाल पहाड़ी, भगवतीचरण शर्मा तथा विशम्भर दत्त चन्दोला प्रमुख हैं। जिन्होने गढ़वाली बोली को भाषा बनाने का सराहनीय प्रयास किया, इस कार्य के लिए गढ़वाल हमेशा उनका ऋणी रहेगा। धीरे–धीरे गढ़वाली साहित्य में सुधार हो रहा है; इन लेखक तथा कवियों में मंगतराम जोशी, पीताम्बरदत्त बड़थ्वाल, तोता कृष्ण गैरोला, सत्यशरण रतूड़ी, अम्बरदत्त ध्यानी एवं आत्माराम गैराला इत्यादि थे।

गढ़वाल के प्रमुख पर्व त्योहार एवं मेले :–यहाँ वर्ष भर विभिन्न व्रत–उत्सव, पर्व इत्यादि मनाये जाते हैं। इन्हें गढ़वाल मण्डल में त्यूआर कहा जाता है। यहाँ के त्यौहारों एवं पर्वोत्सवों में सनातन धर्म तथा भारतीय संस्कृति की झलक मिलती है। यहाँ की संस्कृति, धार्मिक भावनाओं तथा सामाजिक एकता का प्रतीक है।

सारणी–2.6

गढ़वाल मण्डल में जनपदवार मेले, उत्सव तथा पर्यटन[28]

जनपद	मेले, उत्सव तथा पर्यटन
उत्तरकाशी	माघ मेला
चमोली	शरदोत्सव, गौचर मेला, नन्दादेवा मेला
पौड़ी गढ़वाल	शरदोत्सव लैंसडाउन, स्वर्गीय वीर चन्द्र सिंह गढ़वाली' की समाधि पर होने वाला सांस्कृतिक कार्यक्रम, कण्वाश्रम मेला, कोटद्वार, कमलेश्वर मेला श्रीनगर, ताडकेश्वर मेला लैंसडाउन, नवरात्रि का मेला, ज्वालपा देवी, मकर संक्रान्ति, डांडा मण्डी, पौड़ी, गेंद मेला, भुवनेश्वरी देवी का मेला पट्टी सितोनस्यूं
टिहरी गढ़वाल	कुन्जापुरी मेला, विकास प्रदर्शनी, सुरकण्डा शरदोत्सव, देवी मेला
देहरादून	मसूरी शरदोत्सव, टपकेश्वर सिद्ध मेला, झण्डा मेला।

उपर्युक्त मेलों तथा उत्सवों के अतिरिक्त विभिन्न त्यौहारों जैसे– शीतलाष्टमी, रक्षाबन्धन, बैसाखी, पूर्णिमा, बरगदी अमावस्या, गुरु पूर्णिमा, नागपंचमी, हरतालिका तीज, कृष्णजन्माष्टमी, गणेश चतुर्थी, पितृ विसर्जन अमावस्या, दुर्गानवमी, गोवर्धन पूजा, भैयादूज, शिवरात्री आदि पर्व मेले भी लगते हैं। हिन्दुओं की तरह मुसलमान, ईसाई, सिक्ख आदि सभी अन्य धर्म के लोग भी अपने पर्वों तथा त्यौहारों को उत्साहपूर्वक मानते हैं।

गढ़वाल के लोक गीत एवं नृत्य :– किसी भी क्षेत्र के लोकगीत एवं नृत्य उसके आन्तरिक सुख और प्राकृतिक सौन्दर्य के परिचायक होते हैं। गढ़वाल हिमालय की भूमि अब भी नृत्य व संगीतमय है। यहाँ की हरी–भरी धरती गाती है। बुरांश के फूलों के सिंदूरी सुहाग से लदी डाड़ी–कांठियाँ (पर्वत–श्रृखलाएँ) नाचती हैं, ढ़ाकी, बादी और हुडक्या गाते हैं। यह पर्वतीय क्षेत्र प्राचीन काल से अपने नृत्य, गीत, ढ़ोल और बाँसुरी के मधुर स्वरों के लिए प्रसिद्ध रहा है। डॉ. शिवानन्द नौटियाल ने गढ़वाली गीतों को शैली, विषय और रसों की दृष्टि से 21 श्रेणियों में विभाजित किया है तथा गढ़वाल के लोक–नृत्यों को 7 प्रमुख श्रेणियों में बाँटा है।[29] गढ़वाल के लोक–नृत्यों से सौन्दर्य, स्वास्थ्य, जीवन तथा शक्ति मिलती है। धर्म भी नृत्यों का दूसरा रुप बन गया है।[30]

गढ़वाली लोक–नृत्य भारतीय संस्कृति, धर्म एवं भारत की एकता का स्तम्भ हैं। प्रचलित

लोक–गीतों का वर्गीकरण डॉ. गोविन्द चातक ने स्थानीय नामों (पूजा गीत, मांगल, प्रेमरूप रस, छोपती, लामड़, बासन्ती, बाजूबन्द, दाम्पत्य जीवन, खुदेड़ गीत, छूड़ा, सामाजिक गीत और विविध गीत) से किया हैं। संक्षेप में, गढ़वाल हिमालय का सामाजिक व सांस्कृतिक जीवन अत्यन्त सादगीपूर्ण है।

गढ़वाल मण्डल का प्रशासनिक ढाँचा :– प्राचीन काल में गढ़वाल में राज्य शासन प्रजातन्त्र के रूप में था। इसके साक्षी प्राचीनकाल के वे चबूतरे (पंचायती) जो प्रायः अब तक भी बहुत स्थानों में टूटी–फूटी हालत में पाये जाते हैं; जिनको गढ़वाली लोग गढ़ कहते हैं।

गढ़वाल में ग्राम पंचायतों की स्थापना वैदिककाल में ही की गई थी; किन्तु अन्य स्थानीय संस्थाओं का निर्माण आधुनिक काल में आज तक आवश्यकतानुसार कानून के द्वारा किया जाता रहा है। गढ़वाल मण्डल भारत के अन्य राज्यों तथा मण्डलों में लागू प्रशासन व्यवस्था का उदाहरण पेश करता है। सम्पूर्ण गढ़वाल मण्डल एक कमीश्नरी के अन्तर्गत आता है, जिसमें सात जनपदों को जिला प्रशासन द्वारा चलाया जाता है। जिला प्रशासन का सर्वोच्च अधिकारी जिला मजिस्ट्रेट होता है तथा प्रत्येक जिले को कई परगनों (तहसील) में विभक्त किया जाता है। परगने छोटी–छोटी पट्टियों तथा गाँवों में विभक्त हैं। प्रत्येक तहसील या परगने में उप–जिला मजिस्ट्रेट के लिए तहसीलदार, कानूनगों एवं पटवारी इत्यादि होते हैं। जिला प्रशासन के अलावा गढ़वाल में पंचायती राज–व्यवस्था भी लागू है, जिसमें ग्राम प्रशासन में ग्राम पंचायत नामक प्रशासनिक संस्था पाई जाती हैं। ग्राम पंचायत नामक संस्था प्रारम्भ से ही ग्रामों में पाई जाती है तथा यह संस्था प्रजातांत्रिक इकाईयों पर आधारित है। इन संस्थाओं को प्रजातंत्र का देवता कहा जाता है तथा ये संस्थायें समस्त जनता की साधारण लोक भाषा के रूप में अपने सदस्यों को समान अधिकार तथा स्वतन्त्रताओं के लिए सुदृढ़ करती हैं। ग्राम पंचायतें गढ़वाल समाज में आदर्श न्याय के लिए विख्यात रही हैं तथा इसका स्वरूप उतना ही पुराना है जितना कि अन्य भारतीय ग्रामों का। ब्रिटिश शासन काल के दौरान यू.पी. विलेज, पंचायत ऐक्ट 1920 पर्वतीय जिलों में लागू कराया गया था।

संविधान के 73वें संशोधन द्वारा पंचायती राज संस्थाओं को संविधानिक मान्यता प्रदान की गई है। उक्त संशोधन विधेयक, 1994 के अन्तर्गत वर्ष 1947 एवं 1961 में प्रख्यापित संयुक्त प्रान्त पंचायत राज अधिनियम तथा क्षेत्र समिति एवं जिला परिषद् अधिनियम को संशोधित करके बनाया गया है। इस संशोधन के द्वारा ग्राम सभा, पंचायतों का गठन एवं पंचायतों की संरचना आदि के सन्दर्भ में महत्त्वपूर्ण व्यवस्थायें की गई हैं। ग्राम सभा, गाँव के स्तर पर

ऐसी शक्तियों का प्रयोग करेगी और ऐसे कार्यो को करेगी जो राज्य विधान मण्डल विधि बनाकर उपलब्ध करें। प्रत्येक राज्य में ग्राम स्तर, मध्यवर्ती स्तर और जिला स्तर पर पंचायती राज संस्थाओं का गठन किया जायेगा। जिस राज्य की जनसंख्या 20 लाख से अधिक नहीं है वहाँ मध्यवर्ती स्तर पर पंचायतों का गठन करना आवश्यक नहीं होगा। पंचायतों के सभी स्थान पंचायत राज्य के प्रादेशिक निर्वाचन क्षेत्र से प्रत्यक्ष निर्वाचन पद्धति द्वारा चुने गये व्यक्तियों से भरे जायेंगे। ग्राम स्तर पर पंचायत का अध्यक्ष ऐसी विधि से चुना जायेगा जो राज्य विधान मण्डल द्वारा निहित की गई हो। जबकि मध्यवर्ती और जिला स्तर पर पंचायत के अध्यक्ष का निर्वाचन उनके सदस्यों द्वारा अपने में से किया जायेगा।

पंचायतों में जनसंख्या के अनुपात में अनुसूचित जातियों एवं अनुसूचित जनजातियों के लिए स्थान आरक्षित रहेगा। आरक्षित स्थानों में एक तिहाई स्थान, अनुसूचित जाति एवं जनजाति की स्त्रियों के लिए आरक्षित रहेगा। इन स्थानों का प्रत्येक पंचायत को चक्रपुक्रम से आवंटित किया जायेगा। इन पंचायती राज संस्थाओं का कार्यकाल पाँच वर्ष होगा तथा पंचायतें कृषि विस्तार, भूमि सुधार व संरक्षण, सिंचाई, पशुपालन, मत्स्य उद्योग, सामाजिक वन उद्योग, लघु उद्योग, खादी ग्रामोद्योग, कुटीर उद्योग, सड़कें, पेयजल, विद्युत, शिक्षा, तकनीकी प्रशिक्षण, स्वास्थ्य एवं परिवार कल्याण, समाज कल्याण एवं स्त्री तथा बाल विकास आदि सभी कार्य कर सकेंगे।

जिला पंचायत :– प्रत्येक प्रजातन्त्र व्यवस्था में एक ऐसा प्रतिनिधि निकाय होता है जो कि देश के प्रशासन को जनता की महत्त्वकांक्षा के अनुरूप उस पर नियंत्रण रखता है, जिसे भारत में जिला पंचायत कहते हैं। जिला स्तर पर सम्पूर्ण प्रशासन की देख–रेख का उत्तरदायित्व जिला पंचायत को सौंपा गया है। अतः गढ़वाल मण्डल कीप्रशासनिक व्यवस्था में जिला प्रशासन जिसमें नौकरशाह के अलावा स्थानीय संस्थाओं ग्राम पंचायत, नगर पालिका, जिला पंचायत इत्यादि मूल प्रशासनिक ढाँचे हैं।

उत्तरदाताओं की सामाजिक एवं आर्थिक पृष्ठभूमि :– किसी भी समाज में व्यक्ति की सामाजिक–आर्थिक स्थिति उसके जीवन की प्रत्येक गतिविधि को अधिकाँशतः प्रभावित करती है। अध्ययन को अधिक वैज्ञानिक बनाने की दृष्टि से उत्तरदाताओं की सामाजिक एवं आर्थिक स्थिति का भी अध्ययन किया गया है।

निदर्शन के अन्तर्गत सम्मिलित उत्तरदाताओं को उनकी आयु, लिंग, धर्म, जाति, शिक्षा, आय, वैवाहिक स्थिति, पारिवारिक संरचना तथा व्यवसाय स्तर के आधार पर निम्न प्रकार से

वर्गीकृत किया गया है–

आयु के आधार पर उत्तरदाताओं का वर्गीकरण :– आयु के आधार पर अध्ययन क्षेत्र के व्यस्क पुरुष एवं महिला उत्तरदाताओं का चयन किया गया। जिसे सारणी संख्या 2.7 में व्यक्त किया गया है।

सारणी–2.7

आयु वर्ग	कुल उत्तरदाता	प्रतिशत
21–25 वर्ष	36	18.0
26–35 वर्ष	48	24.0
36–45 वर्ष	45	22.5
46–55 वर्ष	37	18.5
56–65 वर्ष	32	16.0
66 वर्ष से अधिक	02	1.0
योग	200	100

सारणी से स्पष्ट होता है कि साक्षात्कार में सम्मिलित उत्तरदाताओं में 21 से 25 वर्ष की आयु वर्ग के कुल 36 उत्तरदाता, जिनका प्रतिशत 18 है। 26 से 35 वर्ष की आयु वर्ग में कुल 48 उत्तरदाता, जिनका प्रतिशत 24 है। 36 से 45 वर्ष की आयु वर्ग के कुल 45 उत्तरदाता, जिनका प्रतिशत 22.5 है। 46 से 55 वर्ष की आयु वर्ग के कुल 37 उत्तरदाता, जिनका प्रतिशत 18.5 है। 56 से 65 वर्ष की आयु वर्ग के कुल 32 उत्तरदाता, जिनका प्रतिशत 16 है, जबकि 66 वर्ष से अधिक आयु के 2 उत्तरदाता, जिनका प्रतिशत 1 था।

लिंग के आधार पर उत्तरदाताओं का वर्गीकरण :– लिंग के आधार पर उत्तरदाताओं को पुरूष एवं महिला समूह में वर्गीकृत किया गया है–

सारणी–2.8

लिंग	कुल उत्तरदाता	प्रतिशत
पुरुष	100	50.0
महिला	100	50.0
योग	200	100

सारणी से स्पष्ट होता है कि प्रस्तुत प्रतिदर्श में 100 उत्तरदाता पुरूष तथा 100 उत्तरदाता महिलायें थी। पुरूष उत्तरदाताओं का 50 प्रतिशत तथा महिला उत्तरदाताओं का प्रतिशत 50 रहा।

धर्म के आधार परउत्तरदाताओं का वर्गीकरण :– धर्म के आधार पर उत्तरदाताओं का वर्गीकरण सारणी 2.9 द्वारा स्पष्ट किया गया है–

सारणी–2.9

धर्म	कुल उत्तरदाता	प्रतिशत
हिन्दू	188	94.0
मुस्लिम	08	04.0
सिक्ख	02	01.0
ईसाई	01	0.5
अन्य	01	0.5
योग	200	100

सारणी से स्पष्ट होता है कि प्रस्तुत प्रतिदर्श में हिन्दू 188, मुस्लिम 08, सिक्ख 02, ईसाई 01 तथा अन्य 01 थे। जिसमें हिन्दू उत्तरदाताओं का प्रतिशत 94.0, मुस्लिम 4.0, सिक्ख 1.0, इसाई 0.5 तथा अन्य का प्रतिशत 0.5 रहा।

जाति के आधार पर उत्तरदाताओं का वर्गीकरण :– विभिन्न जातियों की अपनी–अपनी सांस्कृतिक विशेषताएँ है जो कि अन्य जातियों से पृथक् है। जाति एक बन्द वर्ग है जो जन्म पर आधारित तथा अपरिवर्तित है। गढ़वाल का सम्पूर्ण समाज जाति प्रथा से प्रभावित है। अतः गढ़वाल मण्डल में राजनीतिक विकास का अध्ययन करने में जाति संरचना भी एक महत्त्वपूर्ण पहलू है।

सारणी–2.10

जति	कुल उत्तरदाता	प्रतिशत
ब्राह्मण	87	43.5
क्षत्रिय	65	32.5

वैश्य	06	3.0
अनुसूचित जाति	13	6.5
अनुसूचित जनजाति	17	8.5
अन्य	12	6.0
योग	200	100

सारणी से स्पष्ट होता है कि गढ़वाल मण्डल में प्रमुख रूप से ब्राह्मण तथा क्षत्रिय दो ही प्रभावशाली जातियाँ हैं, जो कि सम्पूर्ण प्रतिदर्श का 76.0 प्रतिशत हैं। प्रतिदर्श के अनुसार वैश्य 3.0 प्रतिशत, अनुसूचित जाति 6.5 प्रतिशत, अनुसूचित जनजाति 8.5 प्रतिशत तथा अन्य 6.0 प्रतिशत रहे।

शैक्षिक स्तर के आधार पर उत्तरदाताओं का वर्गीकरण :– शिक्षा लोगों में जागृति उत्पन्न करती है। शिक्षा के प्रचार तथा प्रसार के साथ–साथ लोगों के द्वारा जीवन में शिक्षा के महत्त्व को स्वीकार किया जाने लगा है। वर्तमान समय में शिक्षा को सामाजिक, सांस्कृतिक तथा राजनीतिक जागरूकता का आधार माना जाने लगा है लेकिन, अध्ययनों से यह बात स्पष्ट होती है कि केवल शिक्षित लोग ही नये विचारों को ग्रहण करने एवं उनको जीवन में रुपांकित करने में अधिक सक्षम होते हैं। शिक्षित व्यक्ति ही राजनीतिक विकास को गति प्रदान कर सकता है। सारणी 2.11 से उत्तरदाताओं के विभिन्न शैक्षिक स्तरों का पता चलता है। शैक्षिक स्तर के वर्गीकरण के अनुसार उत्तरदाताओं को तीन भागों में विभक्त किया है–

1. अशिक्षित : जो पढ़–लिख नहीं सकते।
2. उच्च शिक्षित : जिन्होंने स्नातकोत्तर, व्यवसायिक तथा तकनीकी शिक्षा ग्रहण की है।
3. मध्यम शिक्षित : जिन्होने स्नातक स्तर तक की शिक्षा ग्रहण की है।
4. अल्प शिक्षित : जिन्होने प्राइमरी तथा माध्यमिक स्तर तक की शिक्षा ग्रहण की है।

सारणी–2.11

शैक्षिक स्तर	कुल उत्तरदाता	प्रतिशत
उच्च शिक्षित	29	14.5
मध्यम शिक्षित	57	28.5
अल्प शिक्षित	45	22.5

अशिक्षित	69	34.5
योग	200	100

सारणी से स्पष्ट होता है कि प्रतिदर्श में सम्मिलित प्रतिभागियों का शैक्षिक स्तर भिन्न-भिन्न रहा है। प्रतिदर्श में सम्मिलित कुल प्रतिभागियों में से केवल 34.5 प्रतिशत अशिक्षित, 28.5 प्रतिशत मध्यम शिक्षित, 14.5 प्रतिशत उच्च शिक्षित तथा 22.5 प्रतिशत अल्प शिक्षित थे।

मासिक आय के आधार पर उत्तरदाताओं का वर्गीकरण :— आय का स्तर सम्पूर्ण परिवार की आय से सन्दर्भित है। प्रतिभागियों की आय के अनुमान को वास्तविक बनाने के लिए परिवार की आय, व्यक्तिगत आय, पारिवारिक-व्यवसाय से होने वाली आय, नौकरी आदि कोई है तो उनसे मिलने वाले वेतन का आँकलन करते हुए आय का अनुमान किया गया है।

सारणी–2.12

आय वर्ग	मासिक आय रूपये में	कुल उत्तरदाता	प्रतिशत
निम्न आय वर्ग	1000 से कम	91	45.5
माध्यम आय वर्ग	1001 से 5000 तक	80	40.0
उच्च आय वर्ग	5001 से अधिक	29	14.5
	योग	200	100

सारणी से स्पष्ट होता है कि उत्तरदाताओं की आय के स्तर को तीन भागों—1000 से कम निम्न, 1001 से 5000 तक मध्यम तथा 5001 से अधिक मासिक आय वाले उत्तरदाताओं को उच्च आय वर्ग में बाँटा गया है। कुल उत्तरदाताओं में से 91 उत्तरदाता निम्न आय वर्ग में से थे जिनका प्रतिशत 45.5 है। मध्यम आय वर्ग में से 80 उत्तरदाता थे जिनका प्रतिशत 40.6 है। उच्च आय वर्ग में से 29 उत्तरदाता थे जिनका प्रतिशत 14.5 है।

वैवाहिक स्थिति के आधार पर उत्तरदाताओं का वर्गीकरण :—

सारणी–2.13

वैवाहिक स्थिति	कुल उत्तरदाता	प्रतिशत
विवाहित	99	49.5

अविवाहित	88	44.0
अन्य	13	6.5
योग	200	100

सारणी से स्पष्ट होता है कि कुल उत्तरदाताओं में विवाहित 99 थे, जो कि प्रतिदर्श का 49.5 प्रतिशत है। जबकि अविवाहित उत्तरदाताओं की संख्या 88 थी, जो कि प्रतिदर्श का 44.0 प्रतिशत रहा तथा अन्य उत्तरदाता 13 थे, जो कि प्रतिदर्श का 6.5 प्रतिशत रहे।

पारिवारिक संरचना के आधार पर उत्तरदाताओं का वर्गीकरण :–प्राचीन काल से परिवारों का अस्तित्व रहा है। प्रत्येक व्यक्ति किसी न किसी परिवार का सदस्य अवश्य रहा है। राजेन्द्र पाण्डेय के अनुसार, परिवार समाज की सबसे छोटी इकाई है।[31] श्यामाचरण दूबे ने लिखा है कि, मनुष्य की समस्त सामाजिक एवं राजनीतिक संस्थाओं में परिवार एक आधारभूत और सर्वव्यापी सामाजिक संस्था है।[32] इस प्रकार मानव जीवन में परिवार का एक महत्त्वपूर्ण स्थान है। वर्तमान समय में संयुक्त परिवारों का धीरे–धीरे एकल परिवारों में विघटन हो रहा है।

सारणी–2.14

पारिवारिक संचरना	कुल उत्तरदाता	प्रतिशत
एकल	117	58.5
संयुक्त	83	41.5
योग	200	100

सारणी से स्पष्ट होता है कि कुल उत्तरदाताओं मे से 117 उत्तरदाता एकल परिवार से थे जिनका प्रतिशत 58.5 है। संयुक्त परिवारों में से 83 उत्तरदाता थे जिनका प्रतिशत 41.5 है।

व्यवसाय के आधार पर उत्तरदाताओं का वर्गीकरण :– व्यवसाय मनुष्य के जीवन यापन का प्रमुख साधन है। व्यवसाय का सामाजिक संरचना एवं सांस्कृतिक दृष्टि से अलग महत्त्व है।

सारणी—2.15

व्यवसाय	कुल उत्तरदाता	प्रतिशत
कृषि	34	17.0
पशुपालन	31	15.5
मजदूरी	35	17.5
शासकीय सेवा	18	9.0
अशासकीय सेवा	17	8.5
व्यापार	17	8.5
अध्ययन	23	11.5
गृहस्थी	19	9.5
अन्य	06	3.0
योग	200	100

सारणी से स्पष्ट होता है कि उत्तरदाताओं के व्यवसायों में विभिन्नता है। जो स्वाभाविक भी है क्योंकि भिन्न-भिन्न व्यक्तियों की भिन्न-भिन्न परिस्थितियाँ होती है। कुल उत्तरदाताओं मे से कृषि में 17.0 प्रतिशत, पशुपालन 15.5 प्रतिशत, मजदूरी 17.5 प्रतिशत, शासकीय सेवा 9.0 प्रतिशत, अशासकीय सेवा 8.5 प्रतिशत, व्यापार 8.5 प्रतिशत, अध्ययन 11.5 प्रतिशत, गृहस्थी 9.5 प्रतिशत तथा अन्य प्रतिशत 3.0 हैं।

संदर्भ—सूची

1. भट्ट, त्रिलोक चन्द्र, उत्तराखण्ड आन्दोलनः पृथक् राज्य आन्दोलन का ऐतिहासिक दस्तावेज, तक्षशिला प्रकाशन, नई दिल्ली, 2000, पृष्ठ—17।
2. शर्मा, द्वारिका प्रसाद, उत्तराखण्ड बनाम उत्तराँचल, अयोध्या भवन, कैलास गेट, मुनि-की-रेती, टिहरी-गढ़वाल, 2000 पृष्ठ—5।
3. रतूड़ी, हरिकृष्ण, गढ़वाल का इतिहास, भागीरथी प्रकाशन गृह, टिहरी गढ़वाल, 1998, पृष्ठ—3।

4. भारत की जनगणना 2011, उत्तराखण्ड श्रृँखला 6, पृष्ठ– 2–5।
5. बलूनी, दिनेश चन्द्र, उत्तराखण्ड की लोक गाथाएँ, हिन्दी साहित्य निकेतन, 16, साहित्य विहार, बिजनौर, 1997, पृष्ठ–228।
6. एटकिंसन, ई. टी., हिमालयन गजेटियर, भाग–2, कोसमो पब्लिकेशन्स, दिल्ली, 1974, पृष्ठ–178।
7. डबराल, शिवप्रसाद, उत्तराखण्ड का इतिहास, भाग–2, वीरगाथा प्रकाशन, दुगड्डा, गढ़वाल, 1978, पृष्ठ–40।
8. रतूड़ी, हरिकृष्ण, पूर्वोक्त, पृष्ठ–9।
9. सिंह, आर.एल.(सम्पा.),इण्डिया : ए रिजनल ज्योग्राफी, एन.जी.एस.आई., वाराणसी, 1971, पृष्ठ–1।
10. रतूड़ी, हरिकृष्ण, पूर्वोक्त, पृष्ठ–20।
11. एटकिंसन, ई. टी., कुमाऊॅ हिल्स, कोसमो पब्लिकेशन्स, दिल्ली, 1974, पृष्ठ–523।
12. स्कन्द पुराण, केदारखण्ड, श्लोक संख्या–41।
13. नौटियाल, शिवानन्द, गढ़वाल के लोकनृत्य, अमित प्रकाशन, गाजियाबाद, 1974, पृष्ठ–4।
14. रतूड़ी, हरिकृष्ण, पूर्वोक्त, पृष्ठ–2।
15. बलूनी, दिनेश चन्द्र, उत्तराँचलः संस्कृति, लोक जीवन, इतिहास एवं पुरातत्व, प्रकाश बुक डिपो, बरेली, 2001, पृष्ठ–5–8।
16. एटकिंसन, ई. टी., पूर्वोक्त, पृष्ठ–575–576।
17. बहुगुणा, सुन्दरलाल(संयो.), टिहरी गढ़वाल, विकास गोष्ठी, टिहरी गढ़वाल, 1964, पृष्ठ–12।
18. रतूड़ी, हरिकृष्ण, पूर्वोक्त, पृष्ठ–228।
19. बलूनी, दिनेश चन्द्र, पूर्वोक्त, पृष्ठ–15।
20. भारत की जनगणना 2011, उत्तराखण्ड श्रृँखला 6, पृष्ठ–lxxix, 2-5।
21. तदैव।
22. तदैव, पृष्ठ –lxxix, lxxxv।
23. तदैव, पृष्ठ–lxxxvii, 2-5।
24. डबराल, शिवप्रसाद, अलकनन्दा उपत्यका, वीरगाथा प्रकाशन, दुगड्डा, गढ़वाल, 1978,

पृष्ठ–341।
25. तदैव, पृष्ठ–52–53।
26. बलूनी, दिनेश चन्द्र, उत्तराखण्ड की लोक गाथाएं, आदर्श प्रिंटर्स, दिल्ली, 1957, पृष्ठ–45।
27. तदैव, पृष्ठ–33–37।
28. सूचना एवं जनसम्पर्क विभाग, उत्तर प्रदेश वार्षिकी, उत्तर प्रदेश, 1995–96, पृष्ठ–4।
29. नौटियाल, शिवानन्द, गढ़वाल के लोक नृत्य, हिन्दी साहित्य सम्मेलन, प्रयाग, 1981, पृष्ठ–63–64।
30. चातक, गोविन्द, पूर्वोक्त, पृष्ठ–24।
31. पान्डेय, राजेन्द्र, भारत का सांस्कृतिक इतिहास, उत्तर प्रदेश हिन्दी संस्थान, लखनऊ, 1983, पृष्ठ–40।
32. दूबे, श्यामाचरण, मानव और संस्कृति, राजकमल प्रकाशन, दिल्ली, 1960, पृष्ठ–99।

अध्याय–तीन

जन–संचार के साधन तथा राजनीतिक विकास

संचार समस्त मानवीय क्रियाओं का आधार है।[1] संचार की प्रक्रिया सामाजिक व्यवस्था के सम्पूर्ण ढाँचे में आन्तरिक रूप से इस प्रकार आबद्ध है कि इसके अभाव में सामाजिक जीवन की कल्पना भी नहीं की जा सकती। ल्यूशन पाई ने संचार को मानव–समाज का ताना–बाना कहा है। जो मानवीय अन्तःक्रियाओं का आधार होने के साथ–साथ सामाजिक विकास की गति एवं दिशा को भी निर्धारित करता है।[2] ल्यूशन पाई के शब्दों में, संचार शब्द में अधिकांश सामाजिक व्यवहार समाहित है क्योंकि, मानव–सम्बन्धों की सक्रिय शक्ति व्यक्ति की असंख्य अभिप्रेत एवं अनभिप्रेत संदेशों को भेजने एवं प्राप्त करने की क्षमता है।[3]

इसीलिए सम्भवतः संचार सभी प्रकार के समाजों में सामाजिक प्रक्रियाओं, क्रियाओं एवं अन्तःक्रियाओं का आधार कहा गया है। जनजातीय, कृषक तथा लघु समुदायों में संचार मौलिक व प्रत्यक्ष रूप में होता है, जबकि आधुनिक औद्योगिक समाज में संचार का एक जटिल प्रारूप पाया जाता है; जिसे आज जन–संचार कहा जाता है।

जन–संचार का अर्थ एवं परिभाषा :– जन–संचार शब्द का प्रयोग ऐसे संचार के लिए किया जाता है जो कि श्रोतागण तक सूचनाओं एवं सन्देश एक ही समय में एक साथ विस्तृत क्षेत्र में पहुँचाने की क्षमता रखता है। जन–संचार अपेक्षाकृत बड़े, विविध जातीय और गुमनाम श्रोता समूह की ओर लक्षित होता है। इसी कारण आधुनिक औद्योगिक समाजों में व्यापक जनमत को प्रभावित या परिवर्तित करने के उद्देश्य से प्रचारकों द्वारा सामूहिक जन–साधनों का प्रयोग किया जाता है।

जन–संचार के साधनों में मुख्य रूप से समाचार–पत्रों, पत्रिकाओं, रेडियो, टेलीविजन एवं चलचित्रों (फिल्मों) को सम्मिलित किया जाता है। चेफी और ट्रिप्टन के अनुसार, जन–संचार के साधन प्रत्येक वर्ग के लोगों के लिए राजनीतिक जानकारी प्राप्त करने के प्रधान स्रोत है।[4] मलहान के अनुसार, जन–संचार उन समस्त साधनों एवं विविधों (श्रव्य अथवा दृश्य सम्बन्धी) को कहते है। जिनके द्वारा एक ही समय में दूर–दूर फैले हुए लोगों को सन्देश पहुँचाया जा सके, सूचना दी जा सके और उनके साथ अनुभवों या मनोरंजन में सहभागिता की जा सके। यह सहभागिता रूपी सूचना या तर्क तक ही सीमित नहीं होती अपितु भावात्मक होती है

जिसमें व्यक्ति यह अनुभव करने लगता है जैसे कि वह स्वयं इसमें संलग्न है।[5] माजिद तेहरानियन का विचार है कि, जन–संचार ने अपने विरोधाभासी स्वरूप में अक्सर एक अमूर्त तथा आसानी से ढाली जाने वाली जनता को अपने श्रोता और अपने दुष्प्रचार की विषय–वस्तु बनाया है, विशेष रूप से तीसरी दुनिया जहाँ स्वैच्छिक संगठन तथा जन–संचार की आधुनिक संस्थाएँ कमजोर है। वहाँ जन–संचार के साधनों द्वारा जनता से बात करने के बदले जनता की ओर मुखातिब होकर बात करना एक आम बात हो गई है। खामोश जनता से एक तरफा संवाद जिसमें– वाक्पुटता, भावनाओं, फूहड़ता और सस्ते मनोरंजन के तत्व शामिल हैं बहुत से, इन देशों की जन–संचार साधनों की यह विशेषता है।[6]

जन–संचार के प्रमुख साधन :– जन–संचार के साधनों जैसे– समाचार–पत्र, पत्रिकाओं, रेडियो, टेलीविजन एवं फिल्मों का न केवल राजनीतिक अभिरूचि जागृत करने और बनाये रखने में अपितु मनोवृत्ति परिवर्तन में भी सकारात्मक भूमिका है।

1. समाचार–पत्र एवं पत्रिकायें:–वर्तमान समय में इलेक्ट्रानिक साधनों का प्रथम आक्रमण प्रिंट मीडिया पर हो चुका है किन्तु समाचार–पत्र एवं पत्रिकाओं की लोकप्रियता पर कोई विशेष प्रभाव नहीं पड़ा है। पत्रिकाओं की प्रसार संख्या पर तो प्रभाव अवश्य पड़ा है किन्तु समाचार–पत्रों की प्रसार संख्या अप्रभावित रही है। कुप्पुस्वामी' के अनुसार, समाचार–पत्रों के तीन प्रमुख उत्तरदायित्व है–**प्रथम**, राज्य, देश एवं संसार में हो रही प्रघटनाओं के बारे में सूचना देना, **द्वितीय**, इन प्रघटनाओं में सहायता एवं मार्ग–दर्शन करना तथा **तृतीय**, मनोरंजन करना।[7] समाचार–पत्रों एवं पत्रिकाओं की एक प्रमुख सीमा है कि ये केवल शिक्षित व्यक्तियों में ही सूचना का आदान–प्रदान करने में सहायक हैं।

2. रेडियो :–रेडियो को भी जन–संचार का एक सशक्त माध्यम माना जाता है। दूरस्थ पिछड़े क्षेत्रों जहाँ साक्षरता का पर्याप्त स्तर नहीं है वहाँ रेडियो की उपयोगिता असंदिग्ध नहीं है। रेडियो के माध्यम से शैक्षिक कार्यक्रम एवं सूचनात्मक कार्यक्रमों का प्रसारण करते हुए उनको शेष विश्व से जोड़ा जा सकता है। लोगों की आय बढ़ने के कारण तथा साथ ही साथ सस्ते रेडियो सेटों की उपलब्धता के कारण घर–घर में रेडियो प्रसारण पहुँच गया है। रेडियो के कार्यक्रम भी क्षेत्रीय भाषा में एवं मनभावना होने के कारण काफी लोकप्रिय हो रहे हैं। सरकार इन स्थितियों का लाभ उठाकर अपनी नीतियों एवं सूचनाओं के प्रसारण के लिए रेडियो का उपयोग कर रही है।

3. टेलीविजन :–यद्यपि टेलीविजन सेट अभी भी काफी मँहगा है किन्तु, सरकार ने स्कूलों,

पंचायत घरों एवं सार्वजनिक स्थलों पर टी.वी. सेटों की व्यवस्था की है, जिसके कारण टी.वी. की लोकप्रियता बढ़ी है। टेलीविजन ने आज संचार की दुनिया में क्रान्ति ला दी है। इसमें श्रव्य व दृश्य दोनों एक साथ होने के कारण सन्देशों को प्रभावकारी ढंग से श्रोतागण तक पहुँचाया जाता है। टेलीविजन मनोरंजन का एक प्रमुख साधन तो है ही साथ ही, यह शिक्षण एवं प्रशिक्षण का भी प्रभावशाली साधन माना गया है। टेलीविजन से ऐसा लगता है कि सारी दुनिया शयन कक्ष तक सिमट गयी है। सरकार ने भी दूरदर्शन पर टीकाकरण, साक्षरता, आयोडीन नमक, परिवार नियोजन, जन्म-मृत्यु पंजीकरण, बाल-विवाह इत्यादि सहित अपनी नीतियों, सामाजिक-परिवर्तन एवं सामाजिक न्याय से सम्बन्धित कायक्रमों के प्रसरण हेतु टेलीविजन का सहारा लिया है।

4. फिल्म :— सिनेमा की न केवल भारत में अपितु सम्पूर्ण विश्व में प्रभावकारिता सिद्ध हो चुकी है। सिनेमा देखने के लिए साक्षर होना भी आवश्यक नहीं है। सिनेमा में शिक्षित तथा अशिक्षित दोनों प्रकार के लोगों को प्रभावित करने की क्षमता होती है। इसमें श्रव्य तथा दृश्य सम्बन्धी सन्देश श्रोतागण तक प्रसारित किये जाते हैं जिनका दूरगामी प्रभाव पड़ता है।

हिन्दी फिल्मों ने तो अपनी लोकप्रियता के कारण गैर-हिन्दी भाषी राज्यों में भी हिन्दी भाषा के प्रचार-प्रसार को बढ़ावा दिया है। आज सम्पूर्ण भारत में कोई भी उत्सव बगैर हिन्दी फिल्मों के गानों के शायद ही पूरा होता हो। फिल्मों का माध्यम पुरुषों के साथ-साथ महिलाओं के बीच भी काफी लोकप्रिय है। फिल्मों की लोकप्रियता के कारण भारत सरकार का सूचना प्रभाग, सूचनात्मक डाक्यूमेंटरी फिल्मों को बनाने एवं छविगृहों के माध्यम से चलवाने में काफी महत्त्वपूर्ण भूमिका अदा कर रहा है। विज्ञापन एवं सरकारी नीतियों, कार्यक्रमों के प्रचार-प्रसार हेतु फिल्मों का सहारा लिया जा रहा है। सूचनात्मक कार्यक्रम एवं जन-जागरण अभियानों के लोकप्रिय फिल्मी वृत-चित्र तैयार करके जन-साधारण तक पहुँचाये जा रहे हैं।

जन-संचार के उपर्युक्त साधनों ने सामाजिक-राजनीतिक चेतना लाने, राष्ट्र का विकास करने तथा अन्तर्राष्ट्रीय सद्भाव बढ़ाने में भी महत्त्वपूर्ण भूमिका निभानी प्रारम्भ कर दी है। माजिद तेरहानियन ने जन-संचार के साधनों के साथ आधुनिकीकरण की प्रक्रिया एवं विकास के सम्बन्धों का विश्लेषण करते हुए इस बात पर प्रकाश डाला है कि, तीसरी दुनिया के देशों में जन-संचार के साधनों ने जनता के मन में विकास का जो चित्र प्रस्तुत किया है वह भ्रामक है और उसने अक्सर जनता के मन में ऐसी इच्छाओं और आकांक्षाओं को पैदा किया

है, जिसका विकास की वास्तविक आवश्यकताओं से कोई सम्बन्ध नहीं है।[8] तेहरानियन का ईरान के बारे में किया गया अध्ययन यह बताता है कि, तीसरी दुनिया के देशों में जहाँ जन–संचार के आधुनिक साधन पाश्चात्य सामाजिक मूल्यों और राजनीतिक परम्पराओं के वाहक का कार्य कर रहे है वहाँ संचार के परम्परागत साधन जैसे अनौपचारिक गोष्ठियाँ, प्रत्यक्ष वार्तालाप, गाँव की चौपालें, धार्मिक संस्थाओं के समारोह, आधुनिकीकरण और पश्चिमी सामाजिक–राजनीतिक मूल्यों के विरूद्ध प्रचार कार्यों में लगे हैं।[9]

इस प्रकार भारत सहित अनेक विकासशील देशों में जनसंचार के आधुनिक साधन और परम्परागत साधनों के द्वारा एक दूसरे के विरूद्ध, मूल्यों, परम्पराओं और जीवन शैलियों का समर्थन किया जा रहा है। भारत जैसे बहुभाषीय, क्षेत्रीय, जातीय तथा धार्मिक विविधताओं से भरे हुए देश में जन–संचार के साधनों ने केन्द्र के विचारों को क्षेत्रों और राज्यों पर लादने का कार्य किया है। जबकि जन–संचार के साधन अक्सर केन्द्र के औपचारिक प्रभुत्व का प्रदर्शन करते हैं। केन्द्रोत्तर इकाईयों ने अपने स्वयं के परम्परागत तथा अनौपचारिक संचार माध्यमों से केन्द्र के प्रभुत्व और केन्द्र द्वारा निर्धारित विकास लक्ष्यों की परिभाषाओं का विरोध किया है।[10]

अतः भारत जैसे देश में विकास की एक आवश्यकता यह भी है कि जन–संचार के साधन देश के विविध प्रान्तों के निवासियों की इच्छाओं और आकांक्षाओं को भी प्रतिबिम्बित करें। ऐसा तभी हो सकता है जब रेडियो, टेलीविजन तथा जन–संचार के अन्य साधनों तथा विशेष रूप से इलैक्ट्रॉनिक मीडिया को केन्द्र सरकार के प्रभुत्व से मुक्त कर दिया जाये। कई वर्षों से अनेक राजनीतिक दल रेडियो, टेलीविजन, समाचार–पत्रों को स्वायत्तता देने की बात करते रहे हैं परन्तु वे केन्द्र में सत्तारूढ होते ही इलैक्ट्रॉनिक मीडिया को भूल जाया करते हैं। राष्ट्रीय जनतान्त्रिक गठबन्धन ने इस विधेयक को पारित कर लिया है परन्तु देखना है कि आगे चलकर क्या वास्तव में इलैक्ट्रॉनिक मीडिया तथा प्रिन्ट मीडिया स्वतन्त्र रूप से शिक्षा और विकास के वाहक के रूप में कार्य कर पायेगा?

जन–संचार के आयाम :– पी. सी. जोशी के अनुसार, जन–संचार के दो प्रमुख आयाम है–

1. हॉर्डवेयर आयाम,
2. सॉफ्टवेयर आयाम।[11]

1. हॉर्डवेयर आयाम :– इसमें जन–संचार के माध्यमों से सम्बन्धित प्रौद्योगिकीय बातें

आती है, जैसे– मशीन–मैन, अभियन्ता, प्रविधित, आवाज–यॉन्त्रिक, फोटोग्राफर, प्रशिक्षित व्यवसायी समूह इत्यादि।

2. सॉफ्टवेयर आयाम :–इस आयाम में सन्देश या सूचना की अन्तर्वस्तु जैसे– भाषा, शैली, विचार, प्रस्तुतीकरण इत्यादि से सम्बन्धित रचनात्मक एवं कलात्मक पक्ष सम्मिलित हैं। इन्हें प्रौद्योगिकीय पक्ष एवं सांस्कृतिक पक्ष की संज्ञा दी जा सकती है।

जन–संचार के साधनों पर नियन्त्रण :–ऐसा कहा जाता है कि जिसका जन–संचार के साधनों पर नियन्त्रण होता है वही सम्पूर्ण समाज और राजनीति का नियन्त्रण बन जाता है। यही कारण है कि सरकारें लोगों को नियन्त्रित रखने के लिए जन–सम्पर्क के साधनों पर नियन्त्रण लगाती है। इनसे व्यक्ति के मूल्य, मान्यताएँ, धारणायें और अभिवृत्तियाँ उस तरह से बनाई जाती हैं जिस तरह सरकार आवश्यक समझती है। अतः सरकारें राजनीतिक विचारों पर नियन्त्रण रखने के लिए जन–संचार के साधनों पर नियन्त्रण रखती हैं।

जन–सम्पर्क के साधनों का सम्बन्ध जन–संचार से है। जन–संचार के यह ऐसे साधन है जिनको नियन्त्रित किया जा सकता है। शासन–तन्त्र सभी जगह जन–संचार के साधनों का प्रयोग करता है। इनसे राजनीतिक व्यवस्था वह सब सूचनाएँ जनता को देती है जो राजनीतिक व्यवस्था के सदस्य के रूप में उसको जाननी चाहिये। सरकारें इन साधनों का प्रयोग कर जनता तक अपनी बातें पहुँचाती हैं तथा जनता की बातों को भी अपने तक आने देती हैं। कई शासन–तन्त्रों में जन–संचार के साधनों पर शासकीय नियन्त्रण होता है तो कहीं यह पूरी तरह स्वतन्त्र रहते हैं। इस सम्बन्ध में सामान्यतः दो सिद्धान्त प्रचलित हैं–

1. जन–संचार पर नियन्त्रण का उदारवादी सिद्धान्त,
2. जन–संचार पर नियन्त्रण का साम्यवादी सिद्धान्त।[12]

1. जन–संचार पर नियन्त्रण का उदारवादी सिद्धान्त :– जन–संचार के साधन दो तरह के हो सकते हैं, एक निजी जन–संचार और दूसरा सार्वजनिक जन–संचार। निजी जन–संचार का सम्बन्ध राजनीतिक समाज की समूह–संरचना से होता है। यह व्यक्ति–व्यक्ति के सम्पर्क तक ही सीमित नहीं होता अपितु समाज की आदान–प्रदान प्रक्रिया में हित समूहों की भूमिका भी इसमें ही आती है; यह खुले समाज में ही होता है। नागरिकों को स्वतंत्रताओं के रूप में ऐसा खुला वातावरण मिलता है जिसमें व्यक्ति निडर होकर अपनी बात अन्य व्यक्तियों या समूहों तक पहुँचाता है। उदारवादी सिद्धान्त में व्यक्तिगत संचार साधनों को न केवल खुली छूट होती है अपितु इन्हें इसके लिए समुचित वातावरण भी

उपलब्ध रहता है। व्यक्तिगत संचार साधनों का जन–संचार में बहुत महत्त्व होता है। अतः उदारवादी लोकतान्त्रिक व्यवस्थाओं में इसके आधारभूत महत्त्व को स्वीकार करते हुए इस प्रकार के जन–संचार को निर्बाधगति से चलने दिया जाता है। उस पर सामान्यतः कोई नियन्त्रण नहीं लगाया जाता है।

सार्वजनिक जन–संचार आजकल प्रत्येक व्यक्ति तक पहुँचने लगा है; समाचार–पत्र, पत्रिकायें, रेडियो, टेलीविजन और फिल्म इसके महत्त्वपूर्ण माध्यम होते हैं। इनसे राजनीतिक व्यवस्था में सूचना और जानकारी की दोतरफा प्रक्रिया स्थापित हो जाती है। व्यवस्था से जनता और जनता से राजनीतिकतन्त्र तक सूचनाओं का आदान–प्रदान होता रहता है। टेक्नोलॉजी ने विकास के इन साधनों की भूमिका को कई गुना बढ़ा दिया है। समाज में, समाज के आर–पार इनका जाल बिछा होता है, इसलिए जन–संचार समाज का ताना–बाना है।[13] राजनीतिक व्यवस्था के संचालन में जन–संचार के साधनों का निर्णायक हाथ रहता है। राजनीतिक व्यवस्था व्यक्ति के लिए क्या करती है, क्या करेगी और कैसे करेगी, इस जानकारी को व्यक्ति तक इन साधनों से ही पहुँचाया जाता है। अतः राजनीतिक व्यवस्था व्यक्ति से इन्हीं के माध्यम से जुड़ती है। उदारवादी सिद्धान्त में राजनीतिक व्यवस्था और व्यक्ति की इस सम्पर्क कड़ी में कोई रुकावट नहीं डाली जाती है।

इस सिद्धान्त की प्रमुख मान्यता यह है कि जन–संचार के साधन, स्वतन्त्र रहने पर लोगों को राजनीतिक समाज के अनुकूल दृष्टिकोण अपनाने के लिए प्रेरित करते हैं। उनकी स्वतन्त्रता से व्यक्ति को सन्तुष्टि ही नहीं मिलती वरन् अपनी बात अपने ढंग से व्यवस्था तक पहुँचाने का माध्यम भी मिलता है। इससे राजनीतिक व्यवस्था में सामर्थ्य और क्षमता आती है। इससे उसका सुचारु संचालन सम्भव होता है, यही कारण है कि लोकतान्त्रिक समाजों में जन–संचार के साधन स्वतन्त्र या स्वायत्त रखे जाते हैं तथा इन पर नियन्त्रण बहुत कम या कभी–कभी ही लगाये जाते हैं। परन्तु उदारवादी सिद्धान्त में जन–संचार के साधनों को परम छूट व स्वतन्त्रता नहीं दी जाती है। समाज के मूल्यों पर राजनीतिक व्यवस्थाओं की आधारभूत मान्यताओं, व्यवस्था की सुरक्षा, जन–संचार के साधनों से पुष्ट हो, उनसे यह सुरक्षित बने इसके लिए जन–संचार के साधनों को निर्धारित सीमा रेखाओं में रखा जाता है। समाज, व्यक्ति और राजनीतिक व्यवस्था में तालमेल को बनाये रखने के लिए यह आवश्यक है। आजकल विचारधारायी प्रचार धुँआधार रूप में होने लगा है। इससे समाज की सुरक्षा तभी हो सकती है जब जन–संचार के साधन उचित सीमाओं के दायरे में रहे। इसी तरह, समाज

के विकास को इच्छित दिशा मे ले जाने के लिए यह भी आवश्यक है कि जन–संचार के साधन उसमें सहायक रहें; यह तभी हो सकता है जब इन साधनों पर शासकीय नियन्त्रण की व्यवस्थायें रहे। निष्कर्षतः कहा जा सकता है कि जन–संचार पर नियन्त्रण के उदारवादी सिद्धान्त में इन साधनों को सुस्पष्ट सीमाओं में रहते हुए काफी स्वतन्त्रायें प्राप्त रहती हैं।

2. जन–संचार पर नियन्त्रण का साम्यवादी सिद्धान्त :—जन–संचार के साधनों की स्वायत्ता या स्वतन्त्रता की बात साम्यवादी सिद्धान्त में स्वीकार नहीं की जाती है। इस सिद्धान्त के अनुसार जन–संचार के साधनों को समाज के पूर्ण नियन्त्रण में रखने की बात की जाती है। इन व्यवस्थाओं में जन–संचार के साधनों का प्रयोग किसी साध्य की प्राप्ति का साधन मात्र माना जाता है। जन–संचार के साधनों पर नियन्त्रण व्यक्ति, वर्ग या समूह विशेष का न होकर सम्पूर्ण समाज का होता है। इसलिए यह नियन्त्रण वास्तव में नियन्त्रण ही नहीं होता क्योंकि समाज को पूरी स्वतन्त्रता रहती है कि इनका उपयोग कैसे और कितना करें। किन्तु, साम्यवादी व्यक्ति, समूह या वर्ग विशेष द्वारा इन साधनों का स्वतन्त्र प्रयोग समाज के लिए घातक मानते हैं।

साम्यवादी जन–संचार सिद्धान्त, जन–संचार के साधनों के जबरदस्त प्रभाव को रचनात्मक रखने के लिए यह आवश्यक मानता है कि यह सम्पूर्ण समाज के हाथ में रहें, इसलिए इन पर समाज का पूरा नियन्त्रण रहता है। इनसे व्यक्ति वही माँगें और जानकारी भेज सकता है जो समाज द्वारा मान्य हों और जो साम्यवादी आदर्शों के अनुकूल व उनकी पोषक हों तथा जिससे राजनीतिक व्यवस्था और समाज में बहुत साम्य रह सके। समाज का तेजी से विकास करने के लिए राजनीतिक व्यवस्था को विकास का अभिकरण तभी रखा जा सकता है जबकि राजनीतिक व्यवस्था, समाज और व्यक्ति में जानकारी का खुला प्रवाह हो। इस खुलेपन से इनका तात्पर्य इतना ही है कि वह सूचनायें जिनका इन तीनों राजनीतिक व्यवस्था, समाज और व्यक्ति के बीच आदान–प्रदान होता है, समाज की मान्यताओं और मूल्यों के अनुरूप होने पर यह बेरोकटोक प्रवाहित होती रहे।

इस सिद्धान्त में व्यक्ति का अलग से महत्त्व मान्य नहीं होने के कारण उसको जन–संचार के साधनों से सीधा नहीं जोड़ा जाता है। व्यक्ति समाज के रास्ते ही जन–संचार तथा राजनीतिक व्यवस्था से जुड़ता है। व्यक्ति की जन–संचार के साधनों तक सीधी पहुँच नहीं होने दी जाती है क्योंकि व्यक्ति का समाज से अलग न कोई हित होता है और न ही उसकी कोई ऐसी माँग होती है जो समाज के अनुरूप नहीं हो; तब फिर जन–संचार के साधनों तक

व्यक्ति की खुली पहुँच का कोई औचित्य नहीं रह जाता है।

जन–संचार का साम्यवादी सिद्धान्त, सैद्धान्तिक दृष्टि से कितना ही ठोस क्यों न हो, व्यवहार में यह खोखला ही दिखाई देता है। साम्यवादी व्यवस्था में जन–संचार के साधन व्यक्ति के सिद्धान्त बोधन के माध्यम बनाए जाते हैं। इसमें अभिजनों (साम्यवादी विचारधारा से प्रतिबद्धता रखने वाले लोग) का जन–संचार के साधनों पर पूर्ण नियन्त्रण होता है और इन साधनों से वहीं सूचनाएँ गुजरने दी जाती हैं जिनकी यह स्वीकृति देते हैं। ऐसी अवस्था में जन–संचार के साधन वही सामग्री लोगों में वितरित करते हैं जो समाज के अभिजन चाहते हैं। अतः जन–संचार के साधनों पर सामाजिक नियन्त्रण का दिखावा मात्र होता है। वास्तव में, उन पर अभिजनों का ही नियन्त्रण होता है। इस रूप में दोनों ही सिद्धान्त अन्ततः जन–संचार के साधनों पर अभिजनी नियन्त्रण स्थापित मान लेते हैं।

निरंकुश व्यवस्थाओं में यह दोनों ही सिद्धान्त नहीं पाये जाते है। इसी तरह, विकासशील देशों में भी इन दोनों सिद्धान्तों का उस तरह प्रचलन नहीं पाया जाता जिस तरह उदारवादी लोकतन्त्रों या जनवादी लोकतन्त्रों में इनका प्रचलन है। निंरकुश शासन–तन्त्र तो जन–संचार के साधनों पर जबदस्त दबाव व नियन्त्रण रखते हैं। तानाशाही व्यवस्था के गुणगान में ही जन–संचार के साधनों को लगाए रखा जाता है जिससे जनता का मानस निंरकुश शासन के पक्ष में बनाया जा सके।

विकासशील देशों की आवश्यकताएँ और परिस्थितियाँ बहुत ही पेंचीदा होती हैं। इन देशों में समाज व व्यवस्था को एक सूत्र में पिरोये रखना होता है। विघटनकारी शक्तियों, जो इन समाजों में ऐतिहासिक व भौगोलिक कारणों से बहुत प्रबल होती हैं, को बाँधना होता है तथा समाजों में नव–निर्मित राजनीतिक व्यवस्थाओं को भी सुसंगठित रखते हुए कार्यात्मक रूप देना होता है; इसलिए इन समाजों में जन–संचार के साधनों पर शासकीय नियन्त्रण रखे जाते हैं।

जन–संचार के साधनों पर नियन्त्रण सम्बन्धी उपरोक्त सिद्धान्त भी वर्तमान राजनीतिक परिस्थितियों में कठोरता से सुस्पष्ट नहीं रह पा रहे हैं। इन दोनों ही सिद्धान्तों में परिवर्तन आये हैं और सभी जगह जन–संचार के साधन शासकीय नियन्त्रण या विशेषकर अभिजनों के नियन्त्रण में आते जा रहे हैं। निष्कर्षतः विभिन्न राजनीतिक व्यवस्थाओं में नियन्त्रणों के अन्तर केवल मात्रात्मक या फिर अभिजनों की प्रकृति के अनुरूप है जो इनको नियन्त्रित करते हैं।

जन–संचार के साधन तथा राजनीतिक विकास :– जन–संचार के साधनों का विकसित

होना, उनका नियन्त्रणों से मुक्त रहना और उन तक जन-साधारण की पहुँच सहज होना राजनीतिक विकास की पूर्व दशायें मानी जाती हैं। जन-संचार के साधनों का प्रभाव गतिशील सामाजिक विकास की दिशा व गति को निर्धारित करता है। राजनीतिक विकास वाली राजनीतिक व्यवस्था में जन-संचारण और जन-सहभागिता बढ़ जाती है। इसके लिए जन-संचार के साधन ही उपकरण जुटाते हैं। राजनीतिक विकास व्यवस्था में समानता, कार्यक्षमता और संरचनात्मक विभेदीकरण से सम्बन्धित माना जाता है। जन-संचार के साधन ही राजनीतिक विकास के इन लक्षणों को राजनीतिक समाज में व्यावहारिक बनाते हैं; इससे ही राजनीतिक व्यवस्थायें विकास के मार्ग पर आगे बढ़ती हैं। उदाहरणार्थ, भारत के राष्ट्रीय आन्दोलन में संचार के साधनों पर सरकार का नियन्त्रण और राष्ट्रीय आन्दोलन के नेताओं द्वारा यह नियन्त्रण हटाने के लिए जबरदस्त दबाव इस बात का प्रमाण है कि जन-संचार के साधन विकास को गति देने या राजनीतिक विकास को अवरूद्ध करने में निर्णायक भूमिका निभाते हैं।

राजनीतिक व्यवस्थाओं का ऐतिहासिक विकास जन-संचार के साधनों के विकास के साथ ही हुआ है; इसी तरह, राजनीतिक विकास में समानता और क्षमता महत्त्वपूर्ण पक्ष होते हैं। समानता से तात्पर्य है कि राजनीतिक गतिविधियों में भाग लेने के सभी लोगों को समान अवसर प्राप्त हों और राजनीतिक प्रक्रियाओं की जन-सहभागिता में किसी प्रकार का भेदभाव न हो अर्थात् व्यक्ति की राजनीति में बराबर की भागीदारी रहे। यह भागीदारी तब ही व्यवहार में आएगी जब लोगों में राजनीतिक जागरुकता होगी। जन-संचार के साधन राजनीतिक जागरुकता लाने में अग्रणी रहते हैं; इनसे ही व्यक्ति के राजनीतिक विचारों का निर्माण होता है जो राजनीतिक विकास का मार्ग तैयार करते हैं।

जन-संचार के साधन व्यक्ति की प्रत्येक गतिविधि के नियामक बनते जा रहे हैं। व्यक्ति इनके प्रभाव में अधिकाधिक आता जा रहा है। राजनीतिक व्यवस्थाओं से सूचना का व्यक्ति के पास आना और जनता की माँगों का शासन-तन्त्र तक पहुँचने का एकमात्र माध्यम जन-संचार के साधन ही है। जनता क्या चाहती है? सरकार उनके लिए क्या कर रही है? यह सब जन-संचार के साधनों द्वारा ही जाना जा सकता है। लोकतान्त्रिक व्यवस्थाएँ तो जन-संचार के माध्यमों से ही व्यावहारिक रूप लेती हैं। लोकतन्त्र में निर्वाचन द्वारा सरकारों का गठन होता है। चुनाव तो सम्भव ही तब हो सकते हैं, जब उनके लिए विभिन्न दल व उम्मीदवार अपने कार्यक्रम जनता तक पहुँचाकर जन-समर्थन व उनका वोट प्राप्त करें।

जन-संचार के साधनों की भूमिका इनमें प्रभावक व निर्णायक होती है। विशेषकर लोकतान्त्रिक सरकारों पर नियन्त्रण का प्रभावी माध्यम, स्वस्थ जनमत का निर्माण और अभिव्यक्ति होता है। जन-संचार के साधन इसमें निर्णायक भूमिका रखते है। इनके अभाव में न तो जनमत का निर्माण हो सकता है और न ही उसकी अभिव्यक्ति हो सकती है। राजनीतिक दृष्टि से जनमत का निर्माण और अभिव्यक्ति उतनी महत्त्वपूर्ण नहीं है जितनी कि स्वस्थ जनमत के निर्माण की बात है। जन-संचार के साधन स्वस्थ जनमत के निर्माण में सहायक रहते हैं।

जन-संचार के साधन राजनीतिक व्यवस्थाओं के विकास में ही नहीं अपितु समाजों व संस्कृतियों के विकास तक में महत्त्वपूर्ण अभिकरण होते हैं। इनसे लोगों के राजनीतिक विचार बनते हैं तथा लोग राजनीतिक समझप्राप्त करके राजनीतिक व्यवस्था का सुदृढ़ आधार बनते हैं, यही कारण है कि समाजों को राजनीतिक दृष्टि से विकसित या पिछड़े हुए कहने का आधार उन समाजों में जन-संचार के साधनों की विद्यमानता, उन पर सब प्रकार के नियन्त्रणों का अभाव और अब तक प्रत्येक व्यक्ति की सहज पहुँच को माना जाता है। अतः राजनीतिक विकास में जन-संचार के साधन बहुत ही महत्त्वपूर्ण भूमिका रखते हैं। ल्यूशन पाई ने राजनीतिक विकास की प्रक्रिया में जन-संचार की भूमिका के महत्त्व को रेखांकित किया है।[14] वाई. वी. लक्ष्मणराव नेयह सुझाव दिया है कि जन-संचार के साधनो का उपयोग करके छोटे-छोटे ग्रामीण समुदायों को भी तीव्र विकास की आकांक्षा से जोड़ा जा सकता है।[15]

<u>सारणी-3.1</u>

लिंग के आधार पर उत्तरदाताओं के अनुसार जन-संचार के साधनों के उपयोग का वर्गीकरण

जन-संचार के साधनों की संख्या	पुरुष		महिला		कुल योग	
	कुल	प्रति०	कुल	प्रति०	कुल	प्रति०
4	28	28.0	18	18.0	46	23.0
3	41	41.0	24	24.0	65	32.5
2	18	18.0	14	14.0	32	16.0
1	06	6.0	24	24.0	30	15.0

0	07	7.0	20	20.0	27	13.5
कुल योग	100	100	100	100	200	100

सारणी से स्पष्ट है कि जन–संचार के चार माध्यमों का उपयोग पुरूष उत्तरदाताओं का 28.0 प्रतिशत वर्ग कर रहा है। वहीं महिलाओं की भागीदारी 18.0 प्रतिशत थी। जबकि पुरूष और महिला दोनों मिलकर चार माध्यमों का उपयोग 23.0 प्रतिशत कर रहे थे। इसी प्रकार तीन माध्यमों का उपयोग 41.0 प्रतिशत पुरूष तथा 24.0 प्रतिशत महिला कुल 32.5 प्रतिशत उत्तरदाताओं द्वारा किया जा रहा था। जबकि दो माध्यमों का उपयोग 18.0 प्रतिशत पुरूष तथा 14.0 प्रतिशत महिलाओं द्वारा तथा कुल 16.0 प्रतिशत उत्तरदाताओं द्वारा किया जा रहा था।

जन–संचार के केवल एक माध्यम का उपयोग 6.0 प्रतिशत पुरूष तथा 24.0 प्रतिशत महिलाओं द्वारा कुल 15.0प्रतिशत उत्तरदाताओं द्वारा किया जा रहा था। सारणी से यह भी स्पष्ट होता है कि कुल उत्तरदाताओं का 13.5 प्रतिशत भाग ऐसा भी है जो किसी भी जन–संचार के माध्यम का उपयोग नहीं कर रहा है। जिसमें 7.0 प्रतिशत पुरूष तथा 20.0 प्रतिशत महिलायें हैं। निष्कर्षतः कहा जा सकता है कि पुरूषों की अपेक्षा जन–संचार के माध्यमों के उपभोग के सम्बन्ध में महिलायें काफी पीछे रहीं।

<u>सारणी–3.2</u>

जाति के आधार पर उत्तरदाताओं के अनुसार जन–संचार के साधनों के उपयोग का वर्गीकरण

जन–संचर के साधनों की संख्या	ब्राह्मण		क्षत्रिय		वैश्य		अनु० जाति		अनु० जनजाति		अन्य		कुल योग	
	कुल	प्रति०	कुल	प्रति०	कुल	प्रति०	कुल	प्रति०	कुल	प्रति०	कुल	प्रति०	कुल	प्रति०
4	31	35.6	12	18.5	01	16.7	–	–	–	–	02	16.7	46	23.0
3	19	21.8	25	38.5	03	50.0	07	53.8	09	52.9	02	16.7	65	32.5
2	15	17.3	10	15.4	01	16.7	02	15.4	02	11.8	02	16.7	32	16.0
1	13	14.9	12	18.4	01	16.6	01	7.7	01	5.9	02	16.6	30	15.0

| 0 | 09 | 10.4 | 06 | 9.2 | — | — | 03 | 23.1 | 05 | 29.4 | 04 | 33.3 | 27 | 13.5 |
| कुल योग | 87 | 100 | 65 | 100 | 06 | 100 | 13 | 100 | 17 | 100 | 12 | 100 | 200 | 100 |

सारणी से स्पष्ट होता है कि जन–संचार के चार माध्यमों का उपयोग ब्राह्मणों द्वारा 35.6 क्षत्रियों द्वारा 18.5, वैश्यों द्वारा 16.7, अनु. जाति एवं अनु. जनजाति के द्वारा शून्य तथा अन्य जातियों के द्वारा 16.7 प्रतिशत रहा। इसी प्रकार तीन माध्यमों का उपयोग ब्राह्मणों द्वारा 21.8, क्षत्रियों द्वारा 38.5, वैश्यों द्वारा 50.0, अनु. जाति द्वारा 53.8, अनु. जनजाति द्वारा 52.9 तथा अन्य जातियों द्वारा 16.7 प्रतिशत रहा। दो माध्यमों का उपयोग ब्राह्मणों द्वारा 17.3, क्षत्रियों द्वारा 15.4, वैश्यों द्वारा, 16.7 अनु. जाति द्वारा 15.4, अनु. जनजाति द्वारा 11.8 तथा अन्य जातियों द्वारा 16.7 प्रतिशत रहा। एक माध्यम के उपयोग का प्रतिशत ब्राह्मणों द्वारा 14.9, क्षत्रियों द्वारा 18.4, वैश्यों द्वारा 16.6 अनु. जाति द्वारा 7.7, अनु. जनजाति द्वारा 5.9 तथा अन्य जातियों द्वारा 16.6 रहा। एक भी माध्यम का उपयोग न करने वाले ब्राह्मणों में 10.4, क्षत्रियों में 9.2, वैश्यों में शून्य, अनु. जाति में 23.1, अनु. जनजाति में 29.4 तथा अन्य जातियों में 33.3 प्रतिशत थे।

<u>सारणी–3.3</u>
शैक्षिक स्तर के आधार पर उत्तरदाताओं के अनुसार जन–संचार के साधनों के उपयोग का वर्गीकरण

जन–संचार के साधनों की संख्या	उच्च शिक्षित		मध्यम शिक्षित		अल्प शिक्षित		अशिक्षित		कुल योग	
	कुल	प्रति०	कुल	प्रति०	कुल	प्रति०	कुल	प्रति०	कुल	प्रति०
4	22	75.9	20	35.1	04	8.9	—	—	46	23.0
3	06	20.7	24	42.1	18	40.0	17	24.7	65	32.5
2	01	3.4	07	12.3	14	31.1	10	14.5	32	16.0
1	—	—	06	10.5	05	11.1	19	27.5	30	15.0
0	—	—	—	—	04	8.9	23	33.3	27	13.5
कुल योग	29	100	57	100	45	100	69	100	200	100

सारणी से स्पष्ट होता है कि जन-संचार के चार माध्यमों का उपयोग उच्च शिक्षितों द्वारा 75.9, मध्यम शिक्षितों द्वारा 35.1, अल्पशिक्षित द्वारा 8.9 तथा अशिक्षितों द्वारा शून्य प्रतिशत रहा। इसी प्रकार तीन माध्यमों का उपयोग उच्च शिक्षित 20.7, मध्यम शिक्षित 42.1, अल्प शिक्षित 40.0 तथा अशिक्षित 24.7 प्रतिशत कर रहे हैं। दो माध्यमों का उपयोग करने वाले उच्चशिक्षित 3.4, मध्यम शिक्षित 12.3, अल्प शिक्षित 31.1 तथा अशिक्षित 14.5 प्रतिशत हैं। एक माध्यम का उपयोग करने वाले उच्च शिक्षित शून्य, मध्यम शिक्षित 10.5, अल्पशिक्षित 11.1 तथा अशिक्षित 27.5 प्रतिशत हैं। जबकि कुल उत्तरदाताओं में 13.5 प्रतिशत उत्तरदाता किसी भी जन-संचार के माध्यम का उपयोग नहीं करते हैं। अतः स्पष्ट होता है कि शिक्षा का स्तर जन-संचार माध्यमों के उपयोग को अत्यधिक प्रभावित करता है।

<u>सारणी-3.4</u>
मासिक आय के आधार पर उत्तरदाताओं के अनुसार जन-संचार के साधनों के उपयोग का वर्गीकरण

जन-संचार के साधनों की संख्या	उच्च आय वर्ग		मध्यम आय वर्ग		निम्न आय वर्ग		कुल योग	
	कुल	प्रति०	कुल	प्रति०	कुल	प्रति०	कुल	प्रति०
4	14	48.3	32	40.0	—	—	46	23.0
3	15	51.7	33	41.3	17	18.7	65	32.5
2	—	—	08	10.0	24	26.4	32	16.0
1	—	—	03	3.7	27	29.6	30	15.0
0	—	—	04	5.0	23	25.3	27	13.5
कुल योग	29	100	80	100	91	100	200	100

सारणी से स्पष्ट होता है कि जन-संचार के चार माध्यमों का उपयोग उच्च आय वर्ग 48.3, मध्यम आय वर्ग 40.0 तथा निम्न आय वर्ग शून्य प्रतिशत करता है। इसी प्रकार तीन

माध्यमों का उपयोग उच्च आय वर्ग 51.7, मध्यम आय वर्ग 41.3 तथा निम्न आय वर्ग 18.7 प्रतिशत करता है। दो माध्यमों का उपयोग उच्च आय वर्ग शून्य, मध्यम आय वर्ग 10.0 तथा निम्न आय वर्ग 26.4 प्रतिशत करता है तथा एक माध्यम का उपयोग उच्च आय वर्ग शून्य, मध्यम आय वर्ग 3.7 तथा निम्न आय वर्ग 29.6 प्रतिशत करता है। जबकि एक भी जन–संचार माध्यम का उपयोग न करने वालो में उच्च आय वर्ग से शून्य, मध्यम आय वर्ग से 5.0 तथा निम्न आय वर्ग से 25.3 प्रतिशत उत्तरदाता हैं। अतः स्पष्ट होता है कि जन–संचार के माध्यमों पर आय का भी प्रभाव पड़ता है।

सारणी–3.5

उत्तरदाताओं के अनुसार जन–संचार के साधनों के उपयोग की बारम्बारता

बारम्बारता का स्तर	समाचार पत्र / पत्रिकाएँ		रेडियो		टेलीविजन		फिल्म	
	कुल	प्रति०	कुल	प्रति०	कुल	प्रति०	कुल	प्रति०
अक्सर	30	15.0	54	27.0	43	21.5	15	7.5
कभी–कभी	66	33.0	106	53.0	77	38.5	108	54.0
कभी नहीं	104	52.0	40	20.0	80	40.0	77	38.5
कुल योग	200	100	200	100	200	100	200	100

सारणी से स्पष्ट होता है कि कुल उत्तरदाताओं में समाचार–पत्र एवं पत्रिकाएँ पढ़ने वाले 48.0 तथा न पढ़ने वाले 52.0 प्रतिशत उत्तरदाता हैं। इसी प्रकार रेडियो सुनने वाले उत्तरदाताओं की संख्या 80.0 प्रतिशत तथा 20.0 प्रतिशत न सुनने वाले उत्तरदाता हैं। टेलीविजन देखने वाले उत्तरदाताओं की संख्या 60.0 तथा न देखने वाले उत्तरदाताओं की संख्या 40.0 प्रतिशत हैं। जबकि फिल्म देखने वाले उत्तरदाता 61.5 तथा न देखने वाले उत्तरदाता 38.5 प्रतिशत हैं। अतः स्पष्ट होता है कि सिनेमा वर्तमान में मनोरंजन तथा संचार की दुनिया में महत्त्वपूर्ण भूमिका निभा रहा है।

विकासशील देशों के सन्दर्भ में जन–संचार माध्यमों की उपयोगिता लोगों के अन्दर राजनीतिक अभिरूचि विकसित करने एवं राजनीतिक ज्ञान प्राप्त करने में निर्विवाद रूप से

महत्त्वपूर्ण है। लोगों को प्रभावित करने एवं अभिमत बनाने में मीडिया की प्रभावकारी भूमिका है। भारत में संचार माध्यम हमारे परम्परागत विकारों पर निरन्तर चोट करते हुए हमें नई नियोजित विकास योजनाओं और प्रगतिशील विचारों को अपनाने हेतु प्रेरित कर रहे हैं।

एक विकासशील संक्रमणशील समाज में जहाँ लोग स्वास्थ्य एवं कृषि के परम्परागत तौर–तरीके, अन्ध–विश्वास तथा रूढ़िवादिता में विश्वास रखते हों तो वहाँ भी संचार माध्यम लोगों के पुराने, परम्परागत विचारों एवं जड़ता को समाप्त करने तथा नवपरिवर्तन की ओर अग्रसर होने के लिए प्रेरित करते हैं।

संक्षेप में, प्रस्तुत अध्याय में संचार माध्यमों के उपयोग का जाति, शिक्षा, लिंग और आय के उच्च, मध्यम और निम्न स्तर के साथ अन्तर्सम्बन्धों की ओर प्रकाश डाला गया है। पर्वतीय समाज के लोगों पर संचार माध्यम क्या प्रभाव डाल रहा है? किस तरह लोगों को नये विचार तथा प्रेरणाएँ ग्रहण करने हेतु प्रेरित कर रहा है? इसको समझने का प्रयास किया गया। उपभोक्तावाद तथा नई तकनीक का प्रभाव गढ़वाल मण्डल की जनता के परिवेश, रहन–सहन, वैचारिक स्तर, पारिवारिक, सामाजिक रीति–रिवाजों पर व्यापक रूप से पड़ रहा है। धीरे–धीरे संचार माध्यमों से आई जागरूकता के कारण परम्परागत पहनावा, बहुपति प्रथा इत्यादि बीते जमाने की बातें उन लोगों के लिए होती जा रही है जिनकी आय और शिक्षा का स्तर ऊपर उठा है। फिर भी, यहाँ के लोग न तो अपनी परम्परागत संस्कृति को छोड़ पा रहे हैं और न ही नई अवधारणों को ग्रहण कर पा रहे हैं।

संदर्भ–सूची

1. महाजन, धर्मवीर, राजनीतिक समाजशास्त्र, राजस्थान हिन्दी ग्रन्थ अकादमी, जयपुर, 1996, पृष्ठ–231।
2. पाई, ल्यूशन डब्लू., कम्युनिकेशन एण्ड पॉलिटिकल डेवलपमेन्ट, राधा कृष्ण प्रकाशन, 1972, पृष्ठ–4।
3. पाई, ल्यूशन डब्ल्यू., तदैव।
4. चैफी एवं ट्रिप्टन, मास कम्युनिकेशन एण्ड पॉलिटिकल सोशलाईजेशन, जर्नलिज्म क्वार्टर्ली, 1970, पृष्ठ–47।
5. मलहान, पी. एन., कम्युनिकेशन मीडियाः येसटर्डे, टुडे एण्ड टुमारो, न्यू दिल्ली,

पब्लिकेशन्स डि, 1985, पृष्ठ–8–9।
6. तेहरानियन, माजिद, दा कर्स ऑफ माइर्नटी डायलेक्टिस ऑफ माडर्नाईजेशन एण्ड कम्युनिकेशन, इण्टरनेशनल सोशल सांइस जर्नल, खण्ड–XXXII, सं.–2, 1980, पृष्ठ–26।
7. कुप्पुस्वामी, बी., कम्युनिकेशन एण्ड सोशल डेवलपमेन्ट इन इण्डिया, स्टर्लिंग पब्लिशर्स प्रा. लि., दिल्ली, 1976, पृष्ठ–127।
8. तेहरानियन, माजिद, पूर्वोक्त, पृष्ठ–247।
9. तेहरानियन, माजिद, तदैव, पृष्ठ–247–263।
10. तेहरानियन, माजिद, तदैव, पृष्ठ–254।
11. जोशी, पी. सी., कम्युनिकेशन एण्ड नेशन–बिल्ड़िग–1 इन मेनस्ट्रीम, वाल्यूम–XXIV, पृष्ठ–42–50।
12. गेना, सी. बी., तुलनात्मक राजनीति, विकास पब्लिशिंग हाऊस प्रा. लि., नई दिल्ली, 1996, पृष्ठ–447।
13. गेना, सी. बी., तदैव, पृष्ठ–448।
14. पाई, ल्यूशन, डब्ल्यू., पूर्वोक्त, पृष्ठ–4।
15. राव, लक्ष्मण वाई.वी., कम्युनिकेशन एण्ड डेवलपमेन्टः ए स्टडी ऑफ टू इण्डियन विलेजेज, मिन्नीसोटा यूनिवर्सिटी प्रेस, मिन्नीसोटा, 1966, पृष्ठ–97।

अध्याय–चार

राजनीतिक सहभागिता तथा राजनीतिक विकास

राजनीतिक सहभागिता के अन्तर्गत व्यक्ति समुदाय अथवा समूह प्रशासन के कार्य में भाग लेता है और किसी भी समुदाय की इन कार्यों में भाग लेने की नियति हितो की पूर्ति होती है। समाज में प्रत्येक व्यक्ति, समूह या समुदाय के पृथक्–पृथक् हित निहित होते हैं और वे निहित हितो की पूर्ति के लिए ही प्रशासनिक कार्य में भाग लेते हैं। इस प्रकार हितप्राप्ति के लिए प्रशासनिक कार्य में भाग लेने को राजनीतिक सहभागिता के नाम से जाना जाता है।

राज्य में दो वर्ग होते हैं– अभिजन वर्ग एवं गैर–अभिजन वर्ग। अभिजन वर्ग राजनीतिक व्यवस्था में तथा राजनीतिक प्रक्रिया में प्रमुख भूमिका निभाता है। यह वर्ग राजनीतिक गतिविधि और कार्यों में अपनी सीधी दखल रखता है। इसके साथ–साथ अभिजन वर्ग की जितनी भी राजनीतिक प्रक्रियायें हैं, जैसे– चुनावों में हिस्सेदारी करना, किसी राजनीतिक दल के प्रति प्रतिबद्ध होना, राजनीतिक प्रचार–प्रसार करना, वर्तमान में चल रही राजनीति का विश्लेषण कर अपने दल की नीतियाँ तय करना, आम जन–समूह तक राजनीतिक नीतियों की जानकारी देना तथा सरकार पर आम जनता के हितों के लिए दबाव डालना इत्यादि सभी में सक्रिय रूप से भाग लेता है। इनके अलावा संगठन, संस्थायें भी प्रत्यक्ष तथा अप्रत्यक्ष रूप से राजनीति में अपनी दखल रखती हैं और अपनी व जन–सामान्य की समस्याओं को सरकार के सामने प्रस्तुत कर उस पर निरन्तर दबाव बना कर उसकी नीतियों को जन–हितार्थ बनाने में सहायक होती है। इसी क्रम में ये संस्थायें चुनावी गतिविधियों में भी महत्त्वपूर्ण भूमिका निभाती हैं, जैसे– किसी एक दल के प्रति अपना समर्थन प्रदान करना इत्यादि।

इसी के बिल्कुल विपरीत गैर अभिजन वर्ग राजनीतिक प्रक्रिया में सक्रिय भूमिका अदा नहीं करते। गैर अभिजन वर्ग सरल भाषा में आम नागरिक को कहा जाता है। आम नागरिक से अभिप्राय है कि व्यक्तियों का एक ऐसा समूह जो राजनीतिक गतिविधियों में प्रत्यक्ष रूप से न तो सक्रिय है और न ही कोई हिस्सेदारी सुनिश्चित करता है वरन् राजनीतिक स्थितियों को अपने विवेक से बदलता रहता है। अतः गैर अभिजन वर्ग अप्रत्यक्ष रूप से राजनीति में अपनी सहभागिता सुनिश्चित करता है।

प्रत्येक राजनीतिक समाज उसकी चाहे कैसी ही शासन प्रणाली हो अभिजन वर्ग, गैर अभिजन वर्ग से अधिक सक्रिय भूमिका राजनीति में निभाता है। प्रजातन्त्रीय शासन व्यवस्था में जनता प्रत्यक्ष एवं अप्रत्यक्ष रूप से शासन प्रक्रिया में भाग लेती है, परन्तु सभी देशों में प्रजातन्त्र की सफलता तथा असफलता को जानने के लिए यह आवश्यक है कि प्रशासनिक व्यवस्था में कितने व्यक्ति भाग लेते हैं। शासन व्यवस्थाओं की तुलना मुख्य रूप में तीन प्रकार से की जा सकती है–

प्रथम, किसी एक देश के अभिजनों एवं जन समुदाय की अन्तःक्रिया तथा अन्य देशों के अभिजनों एवं जन समुदाय की अन्तःक्रियाओं के मध्य तुलनात्मक अध्ययन के द्वारा। **द्वितीय**, एक देश के अभिजनों व अन्य देश के अभिजनों के बीच तुलनात्मक अध्ययन के द्वारा। **तृतीय**, एक देश के जनसाधारण एवं अन्य देश के जनसाधारण के राजनीतिक व्यवहारों के बीच तुलनात्मक अध्ययन के द्वारा।

विभिन्न सरकारों की प्रकृति अलग–अलग प्रकार की होती है तथा प्रत्येक सरकार की अपनी एक विशेष कार्यनीति होती है, जिसके तहत वह सरकार कार्य करती है। सरकार की कार्यनीति के अनुरूप ही सरकार की राजनीतिक सहभगिता का रूप भी तय किया जाता है। इसे निम्न रूप में देखा जा सकता है–

(i) प्रजातन्त्र व्यवस्था आधुनिक काल की सबसे लोकप्रिय शासन व्यवस्था है इसमें राजनीतिक सहभागिता का विशेष स्थान होता है। व्यक्ति को राजनीतिक सहभागिता का प्रजातन्त्र में इसलिए अवसर अधिक मिलता है कि वहाँ शासन पर जनता का अधिकार होता है अर्थात् इस प्रणाली में सर्वोच्च सत्ता जनता के हाथों में निहित रहती है और शासक के रूप में जनता द्वारा चुने हुए प्रतिनिधि कार्य करते हैं।

(ii) शासन सत्ता एक विशेष व्यक्ति में होने के कारण अधिनायकतंत्र में राजनीतिक सहभगिता का कोई विशेष स्थान नही होता है। इस व्यवस्था में जनता के राजनीतिक हितों पर अधिनायक का अधिकार होता है।

(iii) राजनीतिक सहभागिता का राजतंत्र में भी कोई स्थान नहीं होता है। इसमें जनता को राजनीतिक हित प्राप्त नहीं होते तथा किसी एक व्यक्ति के पास एकाधिकार होता है; वह व्यक्ति राजा कहलाता है। जनता एक राजा के अधीन कार्य करती है और जनता का कर्त्तव्य राजा की आज्ञा पालन करना होता है; फिर भी राजतन्त्र में राजनीतिक सहभागिता दो रूप में दृष्टिगोचर होती है– शासन कार्य में भाग लेना तथा कोई विशेष कार्य करके राजा की

सद्भावना प्राप्त करना।

(iv) कुलीनतंत्र शासन व्यवस्था में राजनीतिक सहभागिता का महत्त्व राजतंत्र की अपेक्षा अधिक होता है; इसमें परम्परागत कुल समाज के ऊपर शासन करता है। कुलीनतंत्र में भी जनता का समर्थन किसी न किसी रूप में सुनिश्चित होता है क्योंकि सत्ता राजा की अपेक्षा एक कुलीन वर्ग में होती है।

राजनीतिक सहभागिता का अर्थ तथा परिभाषा :– राजनीतिक सहभागिता (या अंशभागिता) प्रत्येक प्रकार की राजनीतिक व्यवस्था का अनिवार्य संघटक है। प्रजातन्त्रीय व्यवस्थाओं में यह अत्यधिक महत्त्वपूर्ण है क्योंकि इनमें नागरिकों से भागीदारी की आशा की जाती है।[1] राज्य में प्रत्येक व्यक्ति, समूह, समुदाय इत्यादि के हित होते हैं। वे अपने हितों की प्राप्ति के लिए राज्य व शासन में भाग लेते हैं, अतः वे शासन कार्य में अपने हितों की पूर्ति हेतु ही रूचि लेते हैं। राज्य व शासन में भाग लेने की इस प्रक्रिया को राजनीतिक सहभागिता कहा जाता है।

व्यक्ति की राजनीतिक क्रिया निरन्तर, यदा–कदा या एक बार ही होती हो, प्रत्येक स्थिति में यह व्यक्ति की ऐसी क्रिया है जिसका सीधा प्रभाव राजनीतिक समाज की संक्रियात्मकता पर पड़ता है। व्यक्ति की ऐसी राजनीतिक क्रिया (राजनीति, शासनीय निर्गतों सम्बन्धी निर्णय लेने की प्रक्रिया है) व्यक्ति को राजनीति में सहभागी बना देती है, यही व्यक्ति की राजनीतिक सहभागिता है।

आधुनिक लोकतांत्रिक व्यवस्थाएँ जन–सहभागिता के सिद्धान्त पर आधारित होती है। जन–सत्ता को व्यवहारिक बनाने का एकमात्र माध्यम, जनता द्वारा अपने प्रतिनिधियों का निर्वाचन है। लोग वोट देकर एक निश्चित अवधि के लिए अपनी राजनीतिक सम्प्रभुता अपने द्वारा विधिवत् निर्वाचित प्रतिनिधि को सौंप देते हैं। यह वोट देना एक राजनीतिक क्रिया है क्योंकि इससे राजनीतिक व्यवस्था की निर्णयकारिता प्रभावित होती है, अतः मतदान एक राजनीतिक सहभागिता है। स्पष्ट होता है कि राजनीतिक क्रियायें करने के कारण कुछ भी रहे हों उनका परिणाम हमेशा ही एक दिशायी होता है अर्थात् राजनीतिक समाज के शासित होने की प्रक्रिया को प्रभावित करता है। अतः राजनीतिक सहभागिता इसके कारणों व परिणामों से घनिष्ठ रूप से जुड़ी हुई विशेष प्रकार की राजनीतिक गतिविधि होती है।

उपर्युक्त विवेचन से स्पष्ट होता है कि प्रत्येक प्रकार की राजनीतिक क्रिया या गतिविधि को राजनीतिक सहभागिता नही कहा जा सकता। हर्बट मेक्लास्की के अनुसार, राजनीतिक

सहभागिता किसी समाज के सदस्यों के ऐसे स्वैच्छिक कार्य को कहा जाता है जिससे वह शासकों के चयन में और नीति–निर्माण में प्रत्यक्ष या अप्रत्यक्ष रूप से भाग ले सकें। यह कार्य मतदान, सूचना प्राप्ति, वार्त्तालाप, बैठकों या सभाओं में उपस्थिति आर्थिक अंशदान और प्रतिनिधियों का सम्प्रेक्षण हो सकती है। सहभागिता का अधिक सक्रिय स्वरूप दलीय सदस्यता, प्रचार व मतदाताओं का पंजीकरण, भाषण–लेखन और भाषण, चुनाव–प्रचार और सार्वजनिक अथवा दलीय पद के लिए चुनाव लड़ना हो सकता है।[2]

एलेक्स इंकलेस ने अपनी पुस्तक पार्टिसिपेशन सिटिजनशिप इन सिक्स डेवलपिंग कंट्रीज में लिखा है कि, परम्परागत सत्ता से स्वतन्त्रता अथवा सकारात्मक रूप में स्थानीय व प्रादेशिक सीमाओं से पार जाने वाले नेताओं और संगठनों के प्रति निष्ठा तथा उसके साथ एक हो जाना, सार्वजनिक मामलों में दिलचस्पी जिसे सूचना पाते रहकर और नागरिक कार्यों में भाग लेते रहकर वैद्य किया जाए तथा राजनीतिक और सरकारी प्रक्रियाओं के प्रति अभिमुख होना, राजनीतिक सहभागिता का लक्ष्य है।[3]

इसी तरह आमण्ड और सिडनी बर्वा ने अपनी पुस्तक द सिविक कल्चर में लिखा है कि, राजनीतिक सहभागिता, राजनीतिक संस्कृति के विकास एवं समुदाय के आधुनिक और लोकतान्त्रिक बनाने का महत्त्वपूर्ण तत्त्व है।[4] लेस्टर डब्ल्यू. मिलब्रेथ के अनुसार, राजनीतिक सहभागिता व्यक्तिगत नागरिकों के ऐसे कार्यों को कहा जा सकता है जिससे वह शासन व राजनीति को प्रभावित या सहयोग देने का प्रयत्न करे।[5]

मिलब्रेथ की उपरोक्त परिभाषा राजनीतिक सहभागिता की अन्य परिभाषाओं से व्यापक है, क्योंकि यह मात्र राजनीतिक निर्गतों को प्रभावित करने वाले कार्यों को ही नहीं अपितु शासन को सहयोग देने वाले कार्यों को भी सम्मिलित करती है।

इस भाँति, राजनीतिक सहभागिता नागरिकों के ऐसे कार्यों को कहते है जो शासकीय कर्मचारियों के चयन या नीति–निर्माण को प्रत्यक्ष या अप्रत्यक्ष रूप से प्रभावित करें। व्यक्तिगत या नागरिकों के विशिष्ट समूहों के लिए चुनावों के मध्य की गई राजनीतिक क्रियायें प्रभावशाली बनाने के लिए अन्य क्षेत्रों में जैसे– परिवार, विद्यालय, स्वैच्छिक संगठन और कार्यालय इत्यादि में सहभागिता के अवसर प्राप्त होना आवश्यक है; क्योंकि राजनीतिक सहभागिता राष्ट्रीय व स्थानीय नेतृत्व, स्वैच्छिक संगठनों की सदस्यता, व्यक्तिगत या समुदायिक कार्यों से, शासकीय कर्मचारियों से सम्पर्क, पत्र–लेखन, प्रतिवेदन इत्यादि से सम्बन्धित है। राजनीतिक सहभागिता में राजनीतिक व्यवस्था के लोगों की राजनीतिक

गतिविधियाँ ही आती हैं। अतः यह संकल्पना केवल व्यक्ति की राजनीतिक क्रिया के इर्द-गिर्द ही घूमती है और इसमें मूल तथ्य व्यक्ति है। स्पष्ट होता है कि राजनीतिक सहभागिता में व्यक्ति का राजनीति में आवेष्टन या उलझाव अथवा राजनीतिक कृत्य अनिवार्यतः रहता है।

राजनीतिक सहभागिता की मात्रा या आयाम :– राजनीतिक सहभागिता की मात्रा के आधार पर राजनीतिक सहभागिता के तीन आयाम होते हैं–

(क) दर्शक गतिविधियाँ,
(ख) परिवर्ती गतिविधियाँ,
(ग) लड़ाकू गतिविधियाँ।

(क) दर्शक गतिविधियाँ :– राजनीतिक सहभागी व्यक्ति की प्रथम प्रकार की क्रियाओं में औपचारिकता का पुट रहता है। ऐसा व्यक्ति सामान्यतः राजनीति का ऐसा दर्शक है जो उसमें कूदता नहीं वरन् अवसर होने पर उसमें सहभागी अवश्य बन जाता है। दर्शक गतिविधियाँ निम्नलिखित कही जा सकती हैं–

(i) वोट देना,
(ii) राजनीतिक वार्तालप शुरू करना,
(iii) दूसरों से इस तरफ या उस तरफ वोट देने की बात करना,
(iv) अपने वाहन पर किसी राजनीतिक पार्टी का स्टीकर चिपका लेना,
(v) राजनीतिक प्रेरणा से विरक्त न होना।

(ख) परिवर्ती गतिविधियाँ :– परिवर्ती गतिविधियाँ ऐसी राजनीतिक सहभागिता से सम्बन्धित होती है, जिसमें व्यक्ति की साधारण से अधिक रुचि और सक्रियता रहती है। इसमें निम्नलिखित गतिविधियों को समाविष्ट किया जाता है–

(i) राजनीतिक बैठकों, प्रदर्शनियों व रैलियों में सम्मिलित होना,
(ii) राजनीतिक नेताओं से सम्पर्क करना,
(iii) किसी उम्मीदवार या दल को वित्तीय सहायता देना। इन गतिवधियों में व्यक्ति गहरी दिलचस्पी के साथ राजनीति से अपने को वास्तव में जोड़ लेता है।

(ग) लड़ाकू गतिविधियाँ :– लड़ाकू गतिविधियाँ राजनीति में व्यक्ति की पेशेवर गतिविधियाँ कही जा सकती है। संक्षेप में, ये गतिविधियाँ इस प्रकार है–

(i) राजनीतिक प्रचार में अपना काफी समय लगाना,

(ii) राजनीतिक दल का सक्रिय सदस्य बनना,

(iii) दल की चुनावी साँठ–गाँठ वाली बैठकों में भाग लेना,

(iv) राजनीतिक चन्दा इकट्ठा करना,

(v) चुनाव में उम्मीदवार होना,

(vi) दल के नेता या सार्वजनिक नेता (मंत्री इत्यादि) का पद सम्भालना।

उपर्युक्त विवेचन से स्पष्ट होता है कि राजनीति में अधिकाँश लोग तो विरक्त रहते हैं और जो उसमें भागीदार बनते हैं उनमें से भी बहुत अधिक लोगों का थोड़ा प्रतिशत ही राजनीतिक गतिविधियों में गहराई से उलझता है। अधिकतर लोग राजनीति के मूक दर्शक बने रहते हैं, वे राजनीति से परहेज नहीं करते किन्तु उनको राजनीति से गहरा लगाव भी नहीं होता। यही कारण है कि लोकतान्त्रिक व्यवस्थाओं में भी बहुत अधिक लोग नियतकालिक चुनावों के समय ही राजनीति से जुड़ते हैं।

सामान्यतः राजनीति, अभिजनों का खेल बनकर रह जाती है। यह केवल कुछ को ही अपने आवरण में लपेटती है।[6]

राजनीतिक सहभागिता के प्रकार :–राजनीतिक सहभागिता के निम्न प्रकार हैं–

1. सक्रिय सहभागिता,
2. निष्क्रिय सहभागिता।

1. सक्रिय सहभागिता :– सक्रिय राजनीतिक सहभागिता में उन लोगों को रखा जाता है जो सक्रिय क्रिया करने में विश्वास रखते हैं अर्थात् प्रत्याशी बनने वाले, चुनाव के लिए चन्दा एकत्रित करने वाले, दलीय कार्य को सम्भालने वाले अर्थात् तथाकथित नेतागिरी करने वाले कार्यकर्त्ता।

इसी प्रकार सक्रिय राजनीतिक सहभागिता में संक्रमणकालीन कार्यवाही करने वाले लोगों को भी रखा जा सकता है। संक्रमणकालीन कार्यवाही राजनीतिक संलग्नता की उस स्थिति का नाम है जिसमें व्यक्ति राजनीति में पूर्ण रूप से प्रवेश के क्रम में होते हैं। इनके प्रमुख कार्य हैं– राजनीतिक नेताओं से सम्पर्क स्थापित करना, दलों को चन्दा देना तथा दलीय प्रदर्शनों में भाग लेना इत्यादि।

2. निष्क्रिय सहभागिता :– ष्क्रय राजनीतिक सहभागिता में दर्शक कार्यवाही करने वाले तथा राजनीतिक दृष्टि से उदासीन लोगों को भी इसमें रखा जा सकता है अर्थात् इसमें मत देने, किसी अन्य को विशेष प्रकार से मत देने के लिए प्रभावित करने, राजनीतिक बातचीत में

भाग लेने, राजनीतिक उद्दीपनों द्वारा प्रभावित तथा दलीय बिल्ले लगाने इत्यादि क्रियाओं को सम्मिलित किया जाता है।

अतः राजनीतिक सहभागिता, राजनीतिक संस्कृति, राजनीतिक समाजीकरण और राजनीतिक भर्ती से सम्बन्धित प्रक्रिया का एक महत्त्वपूर्ण आयाम है। सहभागिता विशेषकर समाजीकरण की प्रक्रिया का अभिन्न अंग है, क्योंकि इसके माध्यम से व्यक्ति न केवल राजनीति में प्रवेश करता है बल्कि स्थापित राजनीतिक मूल्यों और मान्यताओं से परिचित भी होता है एवं उनका विरोध भी करता है; अतः राजनीतिक सहभागिता राजनीतिक व्यवस्था का एक अत्यन्त महत्त्वपूर्ण आयाम है।[7]

माइरन कीन ने भी दो प्रकार की सहभागिता बतायी है जो निम्नलिखित है—

1. स्वायत्त सहभागिता,
2. परियोजित सहभागिता।

1. स्वायत्त सहभागिता :— स्वायत्त सहभागिता से तात्पर्य उस सहभागिता से है जो व्यक्ति की स्वेच्छा से प्रेरित होती है। व्यक्ति की ऐसी सहभागिता में राजनीतिक कृत्य की प्रेरणा तो कई प्रकार से आ सकती है, किन्तु अन्ततः व्यक्ति का कृत्य स्वयं की इच्छा से स्वतन्त्रतापूर्वक होता है। ऐसी सहभागिता में व्यक्ति के राजनीतिक कार्य का छल–योजन या उसके लिए जोड़–तोड़ नहीं होती है। यह व्यक्ति का स्वाभाविक और सचेतन कृत्य है जो वह सोच–विचार कर ही करता है।

2. परियोजित सहभागिता :— परियोजित सहभागिता में प्रेरणा शक्ति शासनतंत्र से आती है। यह ऐसी सहभागिता है जो सरकार के आदेशों के अधीन संगठनों का निर्माण करके प्राप्त की जाती है। प्रत्येक देश में सरकार यह प्रयत्न करती है कि वह अपने कार्यक्रमों में अधिक से अधिक नागरिकों का समर्थन प्राप्त करे, इसके लिए यह आवश्यक होता है कि निर्णय लेने की प्रक्रिया से लेकर कार्यक्रमों को लागू करने तथा उनको व्यावहारिक रूप देने में नागरिकों का सहयोग प्राप्त किया जाये। अतः सरकारें इनमें जन–सहभागिता प्राप्त करने के लिए अनेक विधियों का प्रयोग करती हैं। इनसे जो सहभागिता का रूप उभरता है उसे परियोजित सहभागिता' कहा जाता है। ऐसी सहभागिता में छल–योजन होता है, यह सहभागिता चाहे गुप्त रूप से हो या प्रकट रूप से इसके दोनों ही रूपों में सरकार का उद्देश्ययुक्त प्रेरण रहता है।[8]

राजनीतिक सहभागिता के प्रमुख कारक :— राजनीतिक सहभागिता के प्रमुख कारक

निम्नलिखित हैं–

1. सामाजिक कारक :– राजनीतिक सहभागिता राजनीतिक समाजीकरण का परिणाम है। इसमें शिक्षा, व्यवसाय, आय, लिंग, आयु, निवास–स्थान, गतिशीलता, धर्म, प्रजाति तथा सामूहिक प्रभाव जैसे अनेक सामाजिक कारण सहायक हैं। अमेरिका तथा पश्चिमी देशों में हुए अध्ययनों के आधार पर सामाजिक कारकों की राजनीतिक सहभागिता में भूमिका निम्न प्रकार से समझी जा सकती है–

(क) **शिक्षा :–** उच्च शिक्षा प्राप्त लोगों में राजनीतिक सहभागिता अधिक पाई जाती है।

(ख) **नगरीय एवं ग्रामीण :–** नगरीय लोगों की अपेक्षा कृषकों अथवा ग्रामवासियों में राजनीतिक सहभागिता में सक्रियता की सम्भावना कम होती है।

(ग) **सामाजिक एकजुटता :–** गैर–श्रमिक संघ के सदस्यों की अपेक्षा श्रमिक संघ के सदस्य राजनीति में अधिक रुचि लेते हैं।

(घ) **निवास :–** किसी समुदाय में व्यक्ति का निवास जितनी अधिक लम्बी अवधि के लिए होता है, उसमें उतनी ही राजनीतिक सहभागिता अधिक पाई जाती है।

(च) **आयु :–** राजनीतिक सहभागिता आयु के साथ–साथ बढ़ती है, परन्तु 50–60 वर्ष की आयु के पश्चात् कम होने लगती है।

(छ) **लिंग :–** पुरुषों में स्त्रियों की अपेक्षा अधिक राजनीतिक सहभागिता पाई जाती है।

2. मनोवैज्ञानिक कारक :– व्यक्ति को अकेले न रहकर अन्य लोगों से सहयोग करने की स्थिति राजनीतिक सहभागिता को प्रेरित करती है। एक जिज्ञासु प्राणी होने के कारण व्यक्ति राजनीतिक सहभागिता द्वारा पर्यावरण को समझने का प्रयास करता है। राजनीतिक सहभागिता मानसिक तनाव को कम करने तथा व्यक्ति को इससे दूर ले जाने में सहायक सिद्ध हो सकती है।

3. राजनीतिक कारक :– सामाजिक और मनोवैज्ञानिक कारकों के अतिरिक्त कुछ राजनीतिक कारक भी राजनीतिक सहभागिता को प्रभावित करते हैं। राजनीतिक संचार के माध्यम नहीं है अथवा अपनी भूमिका ठीक प्रकार से नहीं निभा रहे हैं या सरकारी संस्थाएँ जटिल व कठोर नियमों से जकड़ी हुई हैं तो राजनीतिक सहभागिता की सम्भावना कम रहती है। स्वतन्त्र दलीय गतिविधियाँ, राजनीतिक विचारों को व्यक्त करने की स्वतन्त्रता एवं माध्यमों की उपलब्धता, राजनीतिक जागरुकता तथा राजनीति प्रेरित–भावना इत्यादि कारक भी राजनीतिक सहभागिता को प्रभावित करते हैं।

4. आर्थिक कारक :– राजनीतिक सहभागिता को आर्थिक व्यवस्था देने का भी प्रयास किया गया है। व्यक्ति अपने आर्थिक हितों की रक्षा के लिए राजनीति में भाग लेते हैं। यद्यपि यह एक कारक हो सकता है, परन्तु अधिकांश विद्वान (यथा रॉबर्ट लेन) इसे स्वीकार नहीं करते तथा यह तर्क प्रस्तुत करते हैं कि राजनीतिक सहभागिता पहले से ही धनवान लोगों में अधिक पायी जाती है।[9]

राजनीतिक सहभागिता तथा लोकतन्त्र :– राजनीतिक सहभागिता को लोकतन्त्र का आधार माना जाता है। राजनीतिक व्यवस्थाओं की लोकतान्त्रिकता का नाम ही राजनीतिक सहभागिता है। लोकतंत्र में जितनी सहभागिता अधिक होगी उतना ही उसे वास्तविक और सफल माना जायेगा। लोकतन्त्र में जनता की, जनता के द्वारा और जनता के लिए सरकार यथार्थ में तब ही स्थापित हो सकती है जब लोगों की अधिक से अधिक राजनीतिक सहभागिता हो। लोकतन्त्र में व्यापक मताधिकार के माध्यम से आम आदमी शासन तन्त्र में सहभागी बन जाता है। उसके सहभागी बनने का यह विधिक प्रावधान ही व्यक्ति को राजनीतिक कृत्य के लिए आगे लाता है। अतः लोकतान्त्रिक व्यवस्था की कार्यात्मकता का आधार राजनीतिक व्यवस्था में जन–सहभागिता ही मानी जाती है। लोकतन्त्र की सफलता या असफलता का अंकन राजनीतिक सहभागिता की मात्रा के आधार पर किया जाता रहा है। राजनीतिक विरक्तता या उदासीनता को लोकतन्त्र के लिए खतरा माना जाता है। इस सबसे स्वतः ही यह निष्कर्ष निकलने लगता है कि लोकतन्त्र की श्रेष्ठता के लिए राजनीतिक सहभागिता का आधिक्य अनिवार्य होता है।

किसी भी लोकतान्त्रिक व्यवस्था में नागरिकों से निम्नलिखित क्रिया–कलापों में भाग लेने की आशा की जाती है–

1. राजनीतिक बहस या चर्चा,
2. राजनीति में रुचि लेना,
3. मतदान,
4. राजनीतिक ज्ञान,
5. सरकार के क्रियाकलापों पर सामान्यतः नजर रखना,
6. नागरिक अधिकारों के लिए सक्रिय सहभागिता।[10]

मिलब्रेथ ने राजनीतिक सहभागिता की विचारपूर्ण व्याख्या करते हुए इसमें निम्नलिखित क्रियाओं का समावेश किया है–

1. मतदान,

3. बहस / परिचर्चा या नेतृत्व के प्रति अभिमत,
4. बिल्ला अथवा पोस्टर लगाना,
5. राजनीतिक नेताओं से सम्पर्क
6. दलों को चन्दा देना,
7. राजनीतिक बैठकों में भाग लेना,
8. अभियान में शामिल होना,
9. राजनीतिक दल की सक्रिय सदस्यता,
10. राजनीतिक दलों के लिए चन्दा मांगना,
11. दल का पदाधिकारी बनना,
12. विरोध और प्रदर्शन।[11]

प्रत्येक व्यक्ति का राजनीति में भागीदारी का स्तर अलग–अलग होता है। किसी भी व्यक्ति की राजनीतिक अभिरुचि उसकी स्थिति–परिस्थितियों पर निर्भर करती है। सामाजिक, सांस्कृतिक और आर्थिक कारक मिलकर राजनीतिक वातावरण तैयार करते हैं। व्यक्तिगत रूप से राजनीतिक सहभागिता व्यक्ति की मनोवृत्ति और उसकी परिस्थितियों पर निर्भर करती है। किसी भी व्यक्ति के व्यक्तित्त्व में सहभागिता के जितने भी लक्षण पाये जायेंगे वह उसके उतने ही आधुनिक होने का प्रमाण है। एक धर्मनिरपेक्ष लोकतान्त्रिक समाज अपने प्रत्येक नागरिक से यह अपेक्षा करता है कि वह सरकार के संचालन में अपनी सक्रिय भूमिका का निर्वहन करे। बिना किसी भय और हस्तक्षेप के राजनीतिक सहभागिता, उच्च राजनीतिक विकास का संकेतक है।

<u>सारणी–4.1</u>

आयु के आधार पर उत्तरदाताओं के अनुसार मतदान में भाग लेने का वर्गीकरण

उत्तरदाताओं का दृष्टिकोण	उत्तरदाताओं का आयु–वर्ग											कुल योग	
	21–25		26–35		36–45		46–55		56–65		66 से अधिक			
	कुल	प्रति०	कुल	प्रति०	कुल	प्रति०	कुल	प्रति०	कुल	प्रति०	कुल	प्रति०	कुल	प्रति०
अक्सर	05	13.9	10	20.8	13	28.9	10	27.0	03	9.4	—	—	41	20.5
कभी–कभी	09	25.0	13	27.1	15	33.3	12	32.4	05	15.6	—	—	54	27.0
कभी नहीं	22	1.1	25	52.1	17	37.8	15	40.6	24	75.0	02	100	105	52.5

कुल योग	36	100	48	100	45	100	37	100	32	100	02	100	200	100

सारणी से स्पष्ट होता है कि 21 से 25 आयु वर्ग वाले 38.9, 26 से 35 वाले 47.9, 36 से 45 वाले 62.2, 46 से 55 वाले 59.4, 56 से 65 वाले 25.0 तथा 66 से अधिक आयु वर्ग वाले शून्य प्रतिशत उत्तरदाता मतदान में भाग लेते हैं। मतदान में कभी भाग न लेने वाले उत्तरदाताओं में 21 से 25 आयु वर्ग वाले 61.1, 26 से 35 वाले 52.1, 36 से 45 वाले 37.8, 46 से 55 वाले 40.6, 56 से 65 वाले 75.0 तथा 66 से अधिक आयु वर्ग वाले 100.0 प्रतिशत उत्तरदाता हैं। अतः स्पष्ट होता है कि आयु बढ़ने के साथ–साथ मतदान में भाग लेने का स्तर भी बढ़ता है किन्तु 55 वर्ष के पश्चात् कम होने लगता है।

सारणी–4.2

लिंग के आधार पर उत्तरदाताओं के अनुसार मतदान में भाग लेने का वर्गीकरण

उत्तरदाताओं का दृष्टिकोण	पुरुष		महिला		कुल योग	
	कुल	प्रति०	कुल	प्रति०	कुल	प्रति०
अक्सर	25	25.0	16	16.0	41	20.5
कभी–कभी	35	35.0	19	19.0	54	27.0
कभी नहीं	40	40.0	65	65.0	105	52.5
कुल योग	100	100	100	100	200	100

सारणी से स्पष्ट होता है कि पुरूष उत्तरदाताओं में से 60.0 प्रतिशत तथा महिला 35.0 प्रतिशत उत्तरदाता ही मतदान में भाग लेते हैं। भाग न लेने वाले पुरूष 40.0 तथा महिला 65. 0 प्रतिशत उत्तरदाता हैं। स्पष्ट होता है कि पुरूषों की अपेक्षा महिला उत्तरदाताओं में मतदान में भाग लेने का स्तर कम है।

सारणी–4.3

जाति के आधार पर उत्तरदाताओं के अनुसार मतदान में भाग लेने का वर्गीकरण

उत्तरदाताओं का दृष्टिकोण	ब्राह्मण		क्षत्रिय		वैश्य		अनु० जाति		अनु० जनजाति		अन्य		कुल योग	
	कुल	प्रति०	कुल	प्रति०	कुल	प्रति०	कुल	प्रति०	कुल	प्रति०	कुल	प्रति०	कुल	प्रति०
अक्सर	15	17.2	11	16.9	–	–	05	38.4	08	47.1	02	16.7	41	20.5
कभी–कभी	25	28.7	16	24.6	02	33.3	04	30.8	04	23.5	03	25.0	54	27.0

| कभी नहीं | 47 | 54.1 | 38 | 58.5 | 04 | 66.7 | 04 | 30.8 | 05 | 29.4 | 07 | 58.3 | 105 | 52.5 |
| कुल योग | 87 | 100 | 65 | 100 | 06 | 100 | 13 | 100 | 17 | 100 | 12 | 100 | 200 | 100 |

सारणी से स्पष्ट होता है कि मतदान में भाग लेने वाले उत्तरदाताओं में से ब्राह्मण 45.9, क्षत्रिय 41.5, वैश्य 33.3, अनु.जाति 69.2, अनु. जनजाति 70.6 तथा अन्य 41.7 प्रतिशत उत्तरदाता हैं। मतदान में भाग न लेने वाले ब्राह्मण 54.1, क्षत्रिय 58.5, वैश्य 66.7, अनु. जाति 30.8, अनु. जनजाति 29.4 तथा अन्य 58.3 प्रतिशत उत्तरदाता है। कुल उत्तरदाताओं में से 47.5 प्रतिशत उत्तरदाता ही मतदान में भाग लेते है। अतः स्पष्ट होता है कि उच्च जातियों का मतदान में भाग लेने का रूझान कम है।

<u>सारणी–4.4</u>
शैक्षिक स्तर के आधार पर उत्तरदाताओं के अनुसार मतदान में भाग लेने का वर्गीकरण

उत्तरदाताओं का दृष्टिकोण	उच्च शिक्षित		मध्यम शिक्षित		अल्प शिक्षित		अशिक्षित		कुल योग	
	कुल	प्रति०	कुल	प्रति०	कुल	प्रति०	कुल	प्रति०	कुल	प्रति०
अक्सर	03	10.4	13	22.8	09	20.0	16	23.2	41	20.5
कभी–कभी	05	17.2	15	26.3	13	28.9	21	30.4	54	27.0
कभी नहीं	21	72.4	29	50.9	23	51.1	32	46.4	105	52.5
कुल योग	29	100	57	100	45	100	69	100	200	100

सारणी से स्पष्ट होता है कि मतदान में भाग लेने वाले उच्च शिक्षित 27.6, मध्यम शिक्षित 49.1, अल्पशिक्षित 48.9 तथा अशिक्षित 53.6 प्रतिशत उत्तरदाता हैं। मतदान में भाग न लेने वाले उच्च शिक्षित 72.4, मध्यम शिक्षित 50.9, अल्पशिक्षित 51.1 तथा अशिक्षित 46.4 प्रतिशत उत्तरदाता हैं। अतः स्पष्ट होता है कि शिक्षित उत्तरदाताओं की अपेक्षा अल्पशिक्षित तथा अशिक्षित उत्तरदाता मतदान में अधिक भाग लेते हैं।

<u>सारणी–4.5</u>
मासिक आय के आधार पर उत्तरदाताओं के अनुसार मतदान में भाग लेने का वर्गीकरण

उत्तरदाताओं का	उच्च आय वर्ग		मध्यम आय वर्ग		निम्न आय वर्ग		कुल योग	
	कुल	प्रति०	कुल	प्रति०	कुल	प्रति०	कुल	प्रति०

दृष्टिकोण								
अक्सर	04	13.8	19	23.8	18	19.8	41	20.5
कभी–कभी	04	13.8	24	30.0	26	28.6	54	27.0
कभी–नहीं	21	72.4	37	46.2	47	51.6	105	52.5
कुल योग	29	100	80	100	91	100	200	100

सारणी से स्पष्ट होता है कि मतदान में भाग लेने वाले उच्च आय वर्ग से 27.6, मध्यम आय वर्ग से 53.8 तथा निम्न आय वर्ग से 48.4 प्रतिशत उत्तरदाता हैं। मतदान में भाग न लेने वाले उच्च आय वर्ग से 72.4, मध्यम आय वर्ग से 46.2 तथा निम्न आय वर्ग से 51.6 प्रतिशत उत्तरदाता हैं। अतः स्पष्ट होता है कि उच्च आय वर्ग की अपेक्षा मध्यम तथा निम्न आय वर्ग के उत्तरदाता मतदान में अधिक भाग लेते हैं।

<u>सारणी–4.6</u>

आयु के आधार पर उत्तरदाताओं के अनुसार राजनीतिक दल की सदस्यता का वर्गीकरण

उत्तरदाताओं का दृष्टिकोण	उत्तरदाताओं का आयु-वर्ग											कुल योग	
	21–25		26–35		36–45		46–55		56–65		66 से अधिक			
	कुल	प्रति०	कुल	प्रति०	कुल	प्रति०	कुल	प्रति०	कुल	प्रति०	कुल	प्रति०	कुल	प्रति०
हाँ	03	8.3	12	25.0	16	35.6	11	29.7	05	15.6	—		47	23.5
नहीं	33	91.7	36	75.0	29	64.4	26	70.3	27	84.4	02	100	153	76.5
कुल योग	36	100	48	100	45	100	37	100	32	100	02	100	200	100

सारणी से स्पष्ट होता है कि 21 से 25 आयु वर्ग वाले 8.3, 26 से 35 वाले 25.0, 36 से 45 वाले 35.6, 46 से 55 वाले 29.7, 56 से 65 वाले 15.6 तथा 66 से अधिक आयु वर्ग वाले शून्य प्रतिशत उत्तरदाता ही राजनीतिक दल के सदस्य हैं। जबकि 21 से 25 वाले 91.7, 26 से 35 वाले 75.0, 36 से 45 वाले 64.4, 46 से 55 वाले 70.3, 56 से 65 वाले 84.4 तथा 66 से अधिक आयु वर्ग वाले 100.0 प्रतिशत उत्तरदाता राजनीतिक दल के सदस्य नहीं हैं। अतः स्पष्ट होता है कि कुल उत्तरदाताओं में से 23.5 प्रतिशत उत्तरदाता ही राजनीतिक दल की सदस्यता ग्रहण किये हुए हैं।

<u>सारणी–4.7</u>

लिंग के आधार पर उत्तरदाताओं के अनुसार राजनीतिक दल की सदस्यता का वर्गीकरण

उत्तरदाताओं का दृष्टिकोण	पुरुष		महिला		कुल योग	
	कुल	प्रति०	कुल	प्रति०	कुल	प्रति०
हाँ	31	31.0	16	16.0	47	23.5
नहीं	69	69.0	84	84.0	153	76.5
कुल योग	100	100	100	100	200	100

सारणी से स्पष्ट होता है कि राजनीतिक दल की सदस्यता पुरूष उत्तरदाताओं में 31.0 तथा महिला उत्तरदाताओं में 16.0 प्रतिशत है। राजनीतिक दल की सदस्यता ग्रहण न करने वाले पुरूष उत्तरदाता 69.0 तथा महिला उत्तरदाता 84.0 प्रतिशत हैं। अतः स्पष्ट होता है कि पुरूषों की अपेक्षा महिलाएँ राजनीतिक दल की सदस्यता कम ग्रहण किये हुए हैं।

सारणी–4.8

जाति के आधार पर उत्तरदाताओं के अनुसार राजनीतिक दल की सदस्यता का वर्गीकरण

उत्तरदाताओं का दृष्टिकोण	ब्राह्मण		क्षत्रिय		वैश्य		अनु० जाति		अनु० जनजाति		अन्य		कुल योग	
	कुल	प्रति०	कुल	प्रति०	कुल	प्रति०	कुल	प्रति०	कुल	प्रति०	कुल	प्रति०	कुल	प्रति०
हाँ	23	26.4	16	24.6	01	16.7	03	23.1	04	23.5	04	33.3	47	23.5
नहीं	64	73.6	49	75.4	05	83.3	10	76.9	13	76.5	08	66.7	153	76.5
कुल योग	87	100	65	100	06	100	13	100	17	100	12	100	200	100

सारणी से स्पष्ट होता है कि राजनीतिक दल की सदस्यता उत्तरदाताओं में ब्राह्मणों में 26.4, क्षत्रियों में 24.6, वैश्यों में 16.7, अनु. जाति में 23.1, अनु.जनजाति में 23.5 तथा अन्य जातियों में 33.3 प्रतिशत है। जबकि राजनीतिक दल के सदस्यता ग्रहण न करने वाले ब्राह्मण 73.6, क्षत्रिय 75.4, वैश्य 83.3, अनु. जाति 76.9 अनु. जनजाति 76.5 तथा अन्य जातियाँ 66.7 प्रतिशत है। अतः स्पष्ट होता है कि कुल उत्तरदाताओं में से राजनीतिक दल सदस्यता निम्न जातियों की अपेक्षा उच्च जातियों में अधिक है।

सारणी–4.9

शैक्षिक स्तर के आधार पर उत्तरदाताओं के अनुसार राजनीतिक दल की सदस्यता का वर्गीकरण

उत्तरदाताओं का दृष्टिकोण	उच्च शिक्षित		मध्यम शिक्षित		अल्प शिक्षित		अशिक्षित		कुल योग	
	कुल	प्रति०	कुल	प्रति०	कुल	प्रति०	कुल	प्रति०	कुल	प्रति०
हाँ	06	20.7	15	26.3	11	24.4	15	21.7	47	23.5
नहीं	23	79.3	42	73.7	34	71.6	54	78.3	153	76.5
कुल योग	29	100	57	100	45	100	69	100	200	100

सारणी से स्पष्ट होता है कि राजनीतिक दल की सदस्यता, उच्च शिक्षित वर्ग में 20.7, मध्यम शिक्षित वर्ग में 26.3, अल्पशिक्षित वर्ग में 24.4 तथा अशिक्षित वर्ग में 21.7 प्रतिशत रही। जबकि राजनीतिक दल की सदस्यता ग्रहण न करने वाले उच्च शिक्षित 79.3, मध्यम शिक्षित 73.7, अल्प शिक्षित 75.6 तथा अशिक्षित 78.3 प्रतिशत उत्तरदाता हैं। अल्प शिक्षित एवं अशिक्षित उत्तरदाताओं की अपेक्षा राजनीतिक दल की सदस्यता उच्च शिक्षित तथा मध्यम शिक्षित उत्तरदाताओं में अपेक्षाकृत कम है।

<u>सारणी–4.10</u>

मासिक आय के आधार पर उत्तरदाताओं के अनुसार राजनीतिक दल की सदस्यता का वर्गीकरण

उत्तरदाताओं का दृष्टिकोण	उच्च आय वर्ग		मध्यम आय वर्ग		निम्न आय वर्ग		कुल योग	
	कुल	प्रति०	कुल	प्रति०	कुल	प्रति०	कुल	प्रति०
हाँ	10	34.5	23	28.8	14	15.4	47	23.5
नहीं	19	65.5	57	71.2	77	84.6	153	76.5
कुल योग	29	100	80	100	91	100	200	100

सारणी से स्पष्ट होता है कि राजनीतिक दल की सदस्यता उच्च आय वर्ग में 34.5, मध्यम आय वर्ग में 28.8 तथा निम्न आय वर्ग में 15.4 प्रतिशत हैं। जबकि राजनीतिक दल की सदस्यता ग्रहण न करने वाले उच्च वर्ग में 65.5, मध्यम आय वर्ग में 71.2 तथा निम्न आय वर्ग में 84.6 प्रतिशत उत्तरदाता हैं। अतः स्पष्ट होता है कि जैसे–जैसे आय वर्ग कम होता जा रहा है वैसे–वैसे राजनीतिक दल की सदस्यता भी कम होती जा रही है।

सारणी–4.11

आयु के आधार पर उत्तरदाताओं के अनुसार चुनाव–प्रचार में भाग लेने का वर्गीकरण

उत्तरदाताओं का दृष्टिकोण	उत्तरदाताओं का आयु–वर्ग												कुल योग	
	21–25		26–35		36–45		46–55		56–65		66 से अधिक			
	कुल	प्रति०	कुल	प्रति०	कुल	प्रति०	कुल	प्रति०	कुल	प्रति०	कुल	प्रति०	कुल	प्रति०
अक्सर	04	11.1	07	14.6	08	17.8	05	13.5	02	6.3	–		26	13.0
कभी–कभी	03	8.3	12	25.0	14	31.1	09	24.3	01	3.1	–		39	19.5
कभी नहीं	29	80.6	29	60.4	23	51.1	23	62.2	29	90.6	02	100	135	67.5
कुल योग	36	100	48	100	45	100	37	100	32	100	02	100	200	100

सारणी से स्पष्ट होता है कि 21 से 25 आयु वर्ग वाले 19.4, 26 से 35 वाले 39.6, 36 से 45 वाले 48.9, 46 से 55 वाले 37.8, 56 से 65 वाले 9.4तथा 66 से अधिक आयु वाले शून्य प्रतिशत उत्तरदाता चुनाव–प्रचार में भाग लेते हैं। जबकि 21 से 25 वाले 80.6, 26 से 35 वाले 60.4, 36 से 45 वाले 51.1, 46 से 55 वाले 62.2, 56 से 65 वाले 90.6 तथा 66 से अधिक आयु वर्ग वाले 100 प्रतिशत उत्तरदाता चुनाव–प्रचार में भाग नहीं लेते हैं। अतः स्पष्ट होता है कि कुल उत्तरदाताओं में से 32.5 प्रतिशत उत्तरदाता ही चुनाव–प्रचार में भाग लेते हैं।

सारणी–4.12

लिंग के आधार पर उत्तरदाताओं के अनुसार चुनाव–प्रचार में भाग लेने का वर्गीकरण

उत्तरदाताओं का दृष्टिकोण	पुरुष		महिला		कुल योग	
	कुल	प्रति०	कुल	प्रति०	कुल	प्रति०
अक्सर	17	17.0	09	09.0	26	19.5
कभी–कभी	23	23.0	16	16.0	39	13.0
कभी नहीं	60	60.0	75	75.0	135	67.5
कुल योग	100	100	100	100	200	100

सारणी से स्पष्ट होता है कि चुनाव–प्रचार में भाग लेने में पुरूषों का प्रतिशत 40.0 तथा महिलाओं का प्रतिशत 25.0 रहा। जबकि चुनाव–प्रचार में भाग न लेने वाले पुरूष 60.0 तथा

महिला 75.0 प्रतिशत हैं। अतः स्पष्ट होता है कि पुरूषों की अपेक्षा चुनाव–प्रचार में भाग लेने का प्रतिशत महिलाओं में कम है।

सारणी–4.13

जाति के आधार पर उत्तरदाताओं के अनुसार चुनाव–प्रचार में भाग लेने का वर्गीकरण

उत्तरदाताओं का दृष्टिकोण	ब्राह्मण		क्षत्रिय		वैश्य		अनु० जाति		अनु० जनजाति		अन्य		कुल योग	
	कुल	प्रति०	कुल	प्रति०	कुल	प्रति०	कुल	प्रति०	कुल	प्रति०	कुल	प्रति०	कुल	प्रति०
अक्सर	13	14.9	08	12.3	–	–	01	7.7	03	17.6	01	8.3	26	13.0
कभी–कभी	15	17.3	11	16.9	01	16.7	04	0.8	06	35.3	02	16.7	39	19.5
कभी नहीं	59	67.8	46	70.8	05	83.3	08	61.5	08	47.1	09	75.0	135	67.5
कुल योग	87	100	65	100	06	100	13	100	17	100	12	100	200	100

सारणी से स्पष्ट होता है कि चुनाव–प्रचार में भाग लेने वाले ब्राह्मण 32.2, क्षत्रिय 29.2, वैश्य 16.7, अनु. जाति 38.5, अनु. जनजाति 52.9 तथा अन्य जातियाँ 25.0 प्रतिशत हैं। जबकि चुनाव–प्रचार में भाग न लेने वाले ब्राह्मण 67.8, क्षत्रिय 70.8, वैश्य 83.3, अनु. जाति 61.5 अनु. जनजाति 47.1 तथा अन्य जातियाँ 75.0 प्रतिशत रही। अतः स्पष्ट होता है कि चुनाव–प्रचार में उच्च जातियों की अपेक्षा निम्न जातियाँ अधिक भाग लेती हैं।

सारणी–4.14

शैक्षिक स्तर के आधार पर उत्तरदाताओं के अनुसार चुनाव–प्रचार में भाग लेने का वर्गीकरण

उत्तरदाताओं का दृष्टिकोण	उच्च शिक्षित		मध्यम शिक्षित		अल्प शिक्षित		अशिक्षित		कुल योग	
	कुल	प्रति०	कुल	प्रति०	कुल	प्रति०	कुल	प्रति०	कुल	प्रति०
अक्सर	02	6.9	10	17.5	07	15.6	07	10.1	26	13.0
कभी–कभी	03	10.3	13	22.8	09	20.0	14	20.3	39	19.5
कभी नहीं	24	82.8	34	59.7	29	64.4	48	69.6	135	67.5
कुल योग	29	100	57	100	45	100	69	100	200	100

सारणी से स्पष्ट होता है कि चुनाव–प्रचार में भाग लेने वाले उत्तरदाताओं में से उच्च शिक्षित 17.2, मध्यम शिक्षित 40.3, अल्पशिक्षित 35.6 तथा अशिक्षित 30.4प्रतिशत उत्तरदाता

हैं। जबकि चुनाव–प्रचार में भाग न लेने वाले उच्च शिक्षित 82.8, मध्यम शिक्षित 59.7, अल्पशिक्षित 64.4 तथा अशिक्षित 69.6 प्रतिशत उत्तरदाता है। अतः स्पष्ट होता है कि चुनाव–प्रचार में अशिक्षित तथा उच्च शिक्षित उत्तरदाताओं की अपेक्षा मध्यम एवं अल्प शिक्षित उत्तरदाता अधिक भाग लेते हैं।

सारणी–4.15

मासिक आय के आधार पर उत्तरदाताओं के अनुसार चुनाव–प्रचार में भाग लेने का वर्गीकरण

उत्तरदाताओं का दृष्टिकोण	उच्च आय वर्ग		मध्यम आय वर्ग		निम्न आय वर्ग		कुल योग	
	कुल	प्रति०	कुल	प्रति०	कुल	प्रति०	कुल	प्रति०
अक्सर	04	13.8	12	15.0	10	11.0	26	13.0
कभी–कभी	04	13.8	18	22.5	17	18.7	39	19.5
कभी नहीं	21	72.4	50	62.5	64	70.3	135	67.5
कुल योग	29	100	80	100	91	100	200	100

सारणी से स्पष्ट होता है कि चुनाव–प्रचार में भाग लेने वाले उत्तरदाताओं में से उच्च आय वर्ग से 27.6, मध्यम आय वर्ग से 37.5 तथा निम्न आय वर्ग से 29.7 प्रतिशत उत्तरदाता है। जबकि चुनाव–प्रचार में भाग न लेने वाले उच्च आय वर्ग से 72.4, मध्यम आय वर्ग से 62.5 तथा निम्न आय वर्ग से 70.3 प्रतिशत उत्तरदाता हैं। अतः स्पष्ट होता है कि चुनाव–प्रचार में मध्यम आय वर्ग अधिकाँशतः भाग लेता है।

लोकतान्त्रिक व्यवस्था का अस्तित्त्व बहुत सीमा तक नागरिकों की जन–सहभागिता पर निर्भर करता है। राजनीतिक सहभागिता का उच्च स्तर जनता की शिक्षा, आय के स्तर तथा उनकी सामाजिक एवं पारिवारिक पृष्ठभूमि पर निर्भर करता है। यद्यपि भारत में गणराज्य की परम्परा तो अति प्राचीन है किन्तु आधुनिक लोकतंत्र को हमने अपने संविधान के निर्माण के साथ–साथ मूलतः पश्चिम से ही आसात् किया है। पश्चिम के लोगों का शैक्षिक तथा जीवन–स्तर काफी उच्च है अस्तु, उनके अन्दर राजनीतिक सहभागिता का स्तर भी उच्च है। भारत की 40 प्रतिशत जनसंख्या अभी भी गरीबी–रेखा के नीचे जीवन यापन करती है। भारत में पर्वतीय क्षेत्र खासकर गढ़वाल मण्डल अत्यन्त पिछड़ा हुआ तथा यहाँ 38.5 प्रतिशत

जनसंख्या निरक्षर है। इन कारणों से नीति–नियामको, प्रशासको और जनप्रतिनिधियों के सामने गढ़वाली समाज पर नियन्त्रण एवं प्रशासन में जन–सहभागिता की समस्या सदैव रहती है।

गढ़वाली समाज की राजनीतिक गतिविधियों का आदि और अन्त दोनों ही मतदान पर हो जाता है अर्थात् राजनीतिक सक्रियता के नाम पर वे केवल अपने को वोट देने तक ही सीमित रखते हैं। गढ़वाल मण्डल में मुख्यतः ब्राह्मण और क्षत्रिय जातियों का प्रभुत्त्व है तथा अन्य जातियों की संख्या कम है। इन तथ्यों के बावजूद गढ़वाली संस्कृति इन सबको एकता के सूत्र में पिरोती है।

गढ़वाल मण्डल में पुरूषों की अपेक्षा महिलाओं की राजनीतिक सहभागिता का स्तर तो अत्यन्त न्यूनतम है। यद्यपि गढ़वाल मण्डल में उच्च जातियों की बहुलता है लेकिन अन्य पिछड़ी जातियाँ, अनुसूचित तथा अनुसूचित जनजातियाँ जो भी हैं वे मुख्यतः उच्च जाति के लोगों से प्रभावित होकर अपनी राजनीतिक सहभागिता को निश्चित करती हैं। निष्कर्षतः कहा जा सकता है कि गढ़वाल मण्डल में राजनीतिक सहभागिता की स्थिति सन्तोषजनक नहीं है, जिसके लिए शैक्षिक तथा आर्थिक पिछड़ापन प्रमुख रूप से उत्तरदायी कारक हैं।

संदर्भ–सूची

1. महाजन, धर्मवीर, राजनीतिक समाजशास्त्र, राजस्थान हिन्दी ग्रन्थ अकादमी, जयपुर 1996, पृष्ठ–150।
2. मेक्लॉस्की, हर्बट,पालिटिकल पार्टिसीपेशन्, इन्टरनेशनल एनसाइक्लोपिडिया ऑफ दि सोशल साइन्सेज, खण्ड–12, द मेकवेलन कम्पनी, 1968, पृष्ठ–252।
3. इंकेल्स, एलेक्स, पार्टीसिपेन्ट सिटीजनशिप इन सिक्स डेवलपिंग कंट्रीज, अमेरिकन पॉलिटिकल सांइस रिव्यू, खण्ड–LXIII, सं.–4, दिसम्बर 1969, पृष्ठ–1122।
4. आमण्ड एवं वर्बा, द सिविक कल्चर, प्रिंस्टन यूनिवर्सिटी प्रेस, प्रिंस्टन एन. जे., 1961, पृष्ठ–245।
5. मिलब्रेथ, एल. डब्लू., पालिटिकल पार्टिसिपेशन, रैण्ड मैकनेली एण्ड कम्पनी, शिकागो, 1965, पृष्ठ–25।

6. गेना, सी. बी., तुलनात्मक राजनीति, विकास पब्लिशिंग हाउस प्रा. लि., नई दिल्ली, 1996, पृष्ठ–419–420 ।
7. लवानिया, एम. एम., राजनीतिक समाजशास्त्र, रिसर्च पब्लिकेशन्स, जयपुर, 1989, पृष्ठ–296–297 ।
8. गेना, सी. बी., पूर्वोक्त, पृष्ठ–422 ।
9. महाजन, धर्मवीर, पूर्वोक्त, पृष्ठ–154 ।
10. गेना, सी. बी., पूर्वोक्त, पृष्ठ–424–425 ।
11. मिलब्रेथ, एल. डब्लू., पूर्वोक्त, पृष्ठ–25 ।

अध्याय–पाँच

प्रशासनिक क्षमता तथा राजनीतिक विकास

विकासशील देशों के लिए विकास अन्तर्राष्ट्रीय चर्चाओं का मुख्य विषय रहा है। राष्ट्र–निर्माण और आर्थिक–सामाजिक विकास ने अन्तर्राष्ट्रीय समुदाय का ध्यान आकर्षित किया है। राष्ट्रीय विकास विकासशील देशों की राजनीति का केन्द्र और लक्ष्य रहा है।[1] विकासशील देशों में सरकारें राष्ट्रीय कार्यों की पूर्ति के लिए प्रशासनिक सत्ता का उपयोग करती हैं।

क्षमता का सम्बन्ध राजनीतिक व्यवस्था में निर्गतों से है। राजनीतिक व्यवस्था एकीकरण, प्रत्युत्तरता, अनुकूलन तथा नवीनता लाने की क्षमता है।[2] राजनीतिक व्यवस्था में क्षमता होनी चाहिए जिससे वह सशक्त कानून बनाकर उनका सफलतापूर्वक क्रियान्वयन कर सके। अतः क्षमता के लिए निम्न बातें आवश्यक हैं–

(i) सामाजिक जीवन में व्यवस्था का समुचित प्रभाव हो,
(ii) सरकार के कार्य–निष्पादन, नीति–क्रियान्वयन प्रभावशाली ढंग से तथा कुशलतापूर्वक किये जा सके,
(iii) प्रशासन में विवेकपूर्ण तथा धर्मनिरपेक्ष दृष्टिकोण का उत्पन्न होना।

उक्त मापदण्डों से किसी देश की क्षमता का ज्ञान होता है।[3] अतः विकासशील देशों की माँगों को पूरा करने में प्रशासन को आधुनिकीकरण की प्रक्रिया में अहम् भूमिका निभानी पड़ती है। प्रशासनिक क्षमता एक महत्त्वपूर्ण और प्रमुख तत्त्व है जिस पर विकास के लिए किये जाने वाले प्रयासों की सफलता बहुत सीमा तक निर्भर करती है। प्रारम्भ में प्रशासनिक उपयोगिता की तुलना में तकनीकी और आर्थिक सम्भावनाओं को अधिक महत्त्व दिया जाता था, किन्तु द्वितीय विश्वयुद्ध के पश्चात् प्रशासनिक आधुनिकीकरण को विकास प्रक्रिया का एक अविभाज्य अंग समझा जाने लगा है। नवीन कार्यों को करने की जटिलताओं का सामना करने की, नवीन समस्याओं का समाधान करने, संसाधनों इत्यादि का आधुनिकीकरण करने की क्षमता उस प्रशासनिक योग्यता पर निर्भर करती है जो संवृद्ध, व्यावसायिकता, अधिकार–तन्त्र, आधुनिकीकरण और प्रशासनिक प्रतिभा पर आधारित है।

विकासशील देशों में प्रशासनिक क्रान्ति की आवश्यकता है जिससे सामाजिक–आर्थिक एवं

देश में क्रान्तिकारी परिवर्तन लायें जा सकें। इसके लिए विभिन्न प्रकार की प्रशासनिक क्षमता के विकास की आवश्यकता है। विकासशील देशों के समक्ष जो चुनौती और कार्य हैं, उनके लिए ऐसी प्रशासनिक व्यवस्था को अपनाने और लागू करने की आवश्यकता है जो विकास की गति को तेज कर दें तथा विकासशील देश अपने संसाधनों का प्रभावी तरीके से उपयोग करने में समर्थ हो सके। अब पारम्परिक प्रशासन प्रक्रिया के स्थान पर लोचशील, आधुनिक तकनीक और प्रबन्ध से लैस, सुव्यवस्थित प्रशासनिक प्रक्रिया और जटिल समस्याओं का समाधान करने वाली प्रशासनिक व्यवस्था की आवश्यकता है। विकास के लिए प्रशासन में योजनाओं, कार्यक्रमों तथा परियोजनाओं को लागू करने के लिए समर्पण, वचनबद्धता और योग्यता जैसे तत्त्वों की अनिवार्यता है। कार्यक्रम सम्पादन करते हुए आने वाली कठिनाइयों को दूर करना होगा। जनशक्ति, सामग्री और उपकरणों को गतिशील बनाना होगा। इस प्रकार बिना प्रशासनिक विकास के सफलता प्राप्त करना सम्भव नहीं है। पिछला अनुभव इस बात की पुष्टि करता है कि कार्य छोटा हो या बड़ा उसकी सफलता प्रशासनिक क्षमता के बिना सम्भव नहीं है।[4]

प्रशासनिक क्षमता की व्याख्या :—सामान्यतः प्रशासनिक क्षमता का तात्पर्य इच्छित लक्ष्य को प्राप्त करने के लिए आवश्यक कार्यों को पूरा करने की संगठन की योग्यता से है। काज के अनुसार, विकास के लिए प्रशासनिक क्षमता में उन कार्यों को क्रियाशील करना, निर्धारित अथवा संगठित करना है जिनकी तकनीकी दृष्टि से विकास लक्ष्य की प्राप्ति के लिए आवश्यक है।[5]

आर्थिक विकास के समान जिसकी माप प्रति व्यक्ति दर से कुल राष्ट्रीय उत्पादन में वृद्धि के रूप में मापी जा सकती है, क्या प्रशासनिक क्षमता मापी जा सकती है? आर्थिक विकास और लोक प्रशासन के रूढ़िवादी विद्वानों के अनुसार, दोनों विकास की धारणा तथा विकास के लिए प्रशासनिक क्षमता की व्याख्या ठोस रूप से की जा सकती है। उनके अनुसार विकास का अर्थ है आर्थिक विकास और आर्थिक विकास का तात्पर्य है प्रति व्यक्ति दर से कुल राष्ट्रीय उत्पादन में वृद्धि। आर्थिक विकास को शास्त्रीय ढंग से इस प्रकार स्पष्ट किया जा सकता है—O/D1 जिसमें 'D' उत्पाद (कुल राष्ट्रीय उत्पाद) को, I निवेशनीय साधन, तथा O/I उत्पादकता या कौशल को प्रकट करता है। आर्थिक विकास का अर्थ O (विशेष रूप से प्रति व्यक्ति की दर से उत्पाद) में वृद्धि। इसे प्रमुख रूप से उत्पादकता O/I तथा निवेशनीय वस्तुओं के माध्यम से प्राप्त किया जा सकता है। इस प्रकार प्रशासनिक

क्षमता का अर्थ– निवेशनीय पदार्थों को गतिशील बनाना और उनकी उत्पादकता और कौशल में वृद्धि करना है। इन सबको परिसंख्यात्मक रूप में मापा जा सकता है। समग्र रूप से किसी देश के विकास में प्रशासनिक योग्यता को अधिकतम उत्पादन प्राप्त करने में सरकार की प्रशासनिक भुजा को कार्यकुशलता के रूप में, उच्चतम राष्ट्रीय उत्पादन के रूप में, प्रति व्यक्ति की दर से राष्ट्रीय उत्पादन के रूप में तथा निवेशनीय वस्तुओं के अधिकतम कुशलता के प्रयोग के रूप में उन्हें गतिशील बनाकर मापा जा सकता है। किसी व्यक्तिगत संगठन अथवा प्रोजेक्ट में प्रशासनिक क्षमता को इसी प्रकार निवेशनीय तत्त्वों को गतिशील बनाने और उनके प्रयोग से प्राप्त उत्पादन तक की प्रक्रिया से मापा जा सकता है।

रूढ़िवादी अर्थशास्त्रियों द्वारा स्पष्ट की गई धारणा पर्याप्त नहीं है। द्वितीय विश्वयुद्ध के पश्चात् जो महत्त्वपूर्ण परिवर्तन हुए हैं उनमें एक है– विकास और सार्वजनिक प्रशासन के क्षेत्र में वृद्धि। इसलिए प्रशासनिक क्षेत्र के अतिरिक्त कार्यों में नीति–निर्माण स्तर पर निर्णय लेने में योगदान और विशेष रूप से आर्थिक विकास में पूर्वानुमान लगाने, प्रस्तुतीकरण और योजना में योगदान को भी सम्मिलित किया गया है।

प्रशासनिक क्षमता का मूल्याँकन तो निष्पादन की शर्तों में ही सम्भव है। नार्मन उकॉफ के अनुसार, प्रशासनिक क्षमता में उस कौशल को लिया गया है जो निवेशनीय पदार्थों और उत्पाद के परिवर्तन से सम्बन्ध रखता है। इसमें इस बात का विशेष ध्यान रखा जाता है कि निवेशनीय पदार्थों का प्रयोग कैसे किया गया है। प्रभावात्मकता का सम्बन्ध उत्पादन से है। इसमें यह देखा जाता है कि इच्छित उत्पादन को प्राप्त करने के लिए निवेशनीय पदार्थों का प्रयोग कैसे किया गया है। नवीन का सम्बन्ध समस्त प्रक्रिया के साथ हो सकता है, परन्तु इसका मूल ध्येय तो इच्छित उत्पादन प्राप्त करना है। कार्य सम्पादन में चार क्रियायें हैं– अधिकार–तन्त्र के अन्तर्गत संगठन, पर्यावरण के साथ सरकारी सम्बन्ध, प्रशासनिक प्रक्रिया में परिवर्तन लाने के लिए योजना–क्रियायें और लोगों की भावनाओं को सरकार तक पहुँचाने का यन्त्र।

किसी भी विकास कार्य की माप–तोल या मूल्याँकन एक कठिन और जटिल समस्या है। प्रायः यह होता है कि कौशल और प्रभावात्मकता को संक्षिप्त और परिसंख्यात्मक शब्दों में आंका नहीं जा सकता। फिर भी सामान्य रूप से यह जाना जा सकता है कि प्रशासनिक ढाँचे को जिस तरीके से प्रभावात्मक और कौशल से कार्य करना चाहिए उस रूप में ठीक काम हो रहा है या नहीं और क्या यह कार्य सम्पादन के योग्य भी है अथवा नहीं? ऐसा होने

पर किसी भी विकासात्मक पद्धति के प्रशासन को बदलने, उत्प्रेरित करने तथा उसमें सुधार करने के लिए मूल्यॉकन करना, किये जाने वाले प्रयत्नों का एक अभिन्न भाग है। मूल्यॉकन एक निरन्तर की जाने वाली क्रिया होनी चाहिए। इसके प्रथम चरण में उपलब्ध सूचनाओं और ज्ञान के आधार पर मूल्यॉकन करना तथा वर्तमान परिस्थितियों की सीमा में रहते हुए तत्काल सुधार लाने के लिए कदम उठाया जाता है। साथ ही मूल्यॉकन में सुधार लाने और कार्य सीमाओं में परिवर्तन लाने का भी प्रयत्न करना चाहिए। दूसरे चरण में, नवीन सूचनाओं और ज्ञान का उपयोग करते हुए मूल्यॉकन में सुधार लाना एवं कुछ परिवर्तित नवीन स्थितियों में कुछ प्रभावी कदम उठाने की सोचना तथा प्रथम चरण में की गई गलतियों में सुधार करना शामिल है।

रूढ़िवादी विचारधारा के लोग औपचारिक संगठन के द्वारा कौशल प्राप्त करना चाहते थे। लोक प्रशासन का कार्य निष्पादन की क्षमता में उच्चतर विकास करना था। द्वितीय विश्वयुद्ध के पश्चात् अनेक देश स्वतन्त्र हुए और यह आवश्यक हो गया कि विकासशील देशों की सरकारों द्वारा विकास कार्यों को सम्पन्न किया जाये। विकास और आधुनिकीकरण विकासशील देशों का लक्ष्य है। चूंकि सरकार और प्रशासनिक तन्त्र द्वारा राष्ट्रीय विकास के कार्य सम्पन्न किये जाते हैं, अतः निष्पादन करने वाली संस्थाओं में सुधार की आवश्यकता है। वर्तमान में प्रशासन अधिक विस्तृत धरातल पर स्थित है तथा विकास के कार्यों को करने से उसका क्षेत्र व्यापक हो गया है। वर्तमान में सरकार की प्रशासनिक भुजा नीतियों और निर्णयों को लागू करने के अतिरिक्त उनका निर्माण भी करती है। प्रशासन से अपेक्षा की जाती है कि वह योजना और कार्यक्रमों को बनाने में सक्रिय भूमिका अदा करे। नीति–निर्माण में प्रशासन की महत्त्वपूर्ण भूमिका उसके सलाहकार के रूप में है। चूंकि नीति–निर्माण का कार्य अधिकतर विशेषज्ञों की तकनीकी सलाह पर निर्भर करता है। ये लोग आँकड़े इकट्ठे करते हैं, नीतियों के विकल्प के गुण–दोषों को प्रस्तुत करते हैं, समस्या का विश्लेषण करते हैं, उनसे नीति सम्बन्धी अन्तिम निर्णय लेने में आसानी हो जाती है। सार्वजनिक नीतियों को प्रशासन ही लागू करता है। जिस ढंग से किसी नीति को लागू किया जाता है और नीति में दिये गये किन्हीं विशेष प्रावधानों का जिस रूप में विश्लेषण किया जाता है उसके नीति सम्बन्धों पर दूरगामी प्रभाव हो सकते हैं। वर्तमान समय में अनिश्चितता के वातावरण में प्रशासनिक क्षमता का मूल्यॉकन करना और उसमें शीघ्र परिवर्तन में प्रमुख नीतियों के सम्बन्ध में सलाह देने तथा कार्य करने और विकास कार्य को अपनाने की क्षमता को भी सम्मिलित

कर लेना चाहिए। कार्य-सम्पादन के निम्नलिखित कारक हैं-
- (i) किसी भी संस्था या पद्धति द्वारा निवेशनीय पदार्थों को इसके पर्यावरण से प्राप्त करना तथा उनकी लागत को आँकना।
- (ii) वे विधियाँ जिनके अनुसार कार्य किया जाना है, तरीके जिनका प्रयोग करना है तथा निवेशनीय वस्तुओं के उत्पादन में परिवर्तित करने में आने वाली लागत।
- (iii) उत्पादन की मात्रा और गुणवत्ता, इसका मूल्याँकन पद्धति या संस्था, लक्ष्यों को दृष्टि में रखकर करना चाहिए।
- (iv) निवेशनीय पदार्थों के प्रयोग के साथ-साथ उत्पादन के लिए विभिन्न लाभप्रद तथा हानिकारक परिणाम।
- (v) उनके सहवर्ती प्रभाव तथा क्रियाशील तत्त्वों की अन्तिम परिणति।

इस प्रकार प्रशासनिक क्षमता देश के लक्ष्यों को ध्यान में रखकर जाँची जानी चाहिए।[6]

प्रशासनिक विकास :- प्रशासनिक विकास अन्य व्यवस्थाओं (सामाजिक, आर्थिक, राजनीतिक इत्यादि) के विकास की तरह प्रशासन की संरचना में सकारात्मक परिवर्तन है। प्रशासनिक विकास किसी दिये गये सन्दर्भ में प्रशासन की कुशलता, क्षमता, योग्यता तथा प्रभावशीलता को अधिकतम स्तर तक बढ़ाना है।

प्रो. रिग्स ने प्रशासनिक विकास को दो तत्त्वों विभेदीकरण तथा निष्पादन के आधार पर मापने का सुझाव दिया है।[7] यदि किसी प्रशासनिक व्यवस्था में ये दोनों तत्त्व कम हो तो वह नकारात्मक उत्क्रमण की स्थिति होगी। यदि विभेदीकरण कम तथा निष्पादन अधिक हो तो वह सकारात्मक उत्क्रमण होगा। यदि विभेदीकरण अधिक तथा निष्पादन कम हो तो सम्पार्श्वीयप्रशासन होगा, परन्तु यदि दोनों ही अधिक हों तो विकसित प्रशासन या सकारात्मक विकास होगा।

प्रशासनिक विकास को प्रक्रिया के रूप में दो भिन्न दृष्टिकोणों से देखा जाता है। कुछ विद्वान इसे एक स्वतन्त्र चर स्वीकार करते हुए कहते हैं कि प्रशासन का विकास सर्वप्रथम किया जाना चाहिए। इसके लिए सामाजिक-आर्थिक विकास का इन्तजार नहीं किया जा सकता। इस दृष्टि से प्रशासकीय संगठन को पर्यावरण से निरपेक्ष मानते हुए उसे एक कुशल मशीन के रूप में विकसित किया जाना चाहिए। प्रो. ब्रायबण्टीयह मानते हैं कि विकासशील समाजों को प्रगति की गति बढ़ाने के लिए अधिक सत्तावादी प्रशासकीय व्यवस्था अपनानी पड़ सकती है। लेकिन इसका अर्थ यह कदापि नहीं कि प्रशासनिक व्यवस्था अति की ओर

अग्रसर होकर निरंकुश शासन के बीच खोने लग जाये। इस बात का ध्यान रखा जाये कि प्रजातान्त्रिक स्वरूप किसी भी कीमत पर दुर्बल न हो।[8]

अन्य कुछ विद्वान (रिग्स, ला पालोम्बरा, ल्यूशन पाई इत्यादि) प्रशासनिक विकास को पर्यावरण पर निर्भर चर मानते हैं। रिग्स[9] के अनुसार, लोकतन्त्रीय व्यवस्था में विकसित राजनीति ही विकसित प्रशासन तन्त्र को सही दिशा दे सकती है। एक अविकसित, आर्थिक, राजनीतिक पर्यावरण में यदि प्रशासकीय संगठन को मजबूत किया जाता है तो वह लक्ष्य प्राप्ति की बजाए सत्ता प्राप्ति की दिशा में बढ़ेगा। इसी कारण तृतीय विश्व के देशों में लोकतन्त्र के स्थान पर सैनिक शासन स्थापित हुए हैं, अतः सन्तुलित विकास आवश्यक है।

सामान्य प्रशासन का उद्देश्य कार्य को पूरा करना होता है। इसमे व्यक्ति या समाज को जितना आवश्यक हो प्राधिकार अथवा बल प्रयोग द्वारा साथ लिया जा सकता है। शान्ति एवं व्यवस्था स्थापित करना, कर एकत्र करना और यहाँ तक कि किसी सड़क का निर्माण करना, ये ऐसे कार्य हैं जिन्हें कोई प्रशासकीय संगठन नागरिकों से अलग–थलग रहकर भी पूरा कर सकता है। ऐसे कार्यों में कभी–कभी अधिनायकवादी व्यवस्था अधिक सफल हो सकती है।

विकास प्रशासन का लक्ष्य व्यक्ति, समुदाय एवं उसकी सार्वजनिकता को विकसित करना तथा उसके पर्यावरण को भावी विकास के अनुकूल परिवर्तित करना होता है। यह कार्य समुदाय से अलग रहकर या दबाव के माध्यम से पूरा नहीं किया जा सकता। इसके लिए ऐसा प्रशासकीय संगठन चाहिए जिसका प्रशासक समाज सुधारक की प्रवृत्ति धारण कर समाज में घुस जाये। इसमें समाज को प्रशासकीय संगठन का हिस्सेदार बनाना आवश्यक है बल्कि इससे भी अधिक, समाज की प्रतिनिधि इकाई को अच्छे नियन्त्रण एवं निदेशक के रूप में विकसित किया जाना आवश्यक है।

अतः विकास प्रशासन के लिए जो प्रशासनिक विकास की दिशा होगी उसमें स्थानीय स्तर पर राजनीतिक तटस्थता, नौकरशाही, प्रशासकीय अनामता इत्यादि के सिद्धान्तों में आमूल संशोधन करना पड़ सकता है। विकास के उद्देश्य के लिए वर्तमान प्रशासकीय व्यवस्था में सुधार निरर्थक है। विकास प्रशासन को क्रिया की अत्यधिक छूट मिलती है। प्रशासक किसी भी कार्य को जितना चाहे कम अथवा अधिक, गलत अथवा सही तथा इस प्रकार अथवा उस प्रकार से कर सकता है। नौकरशाही में आन्तरिक नियन्त्रण या उच्च अधिकारी द्वारा नियन्त्रण की व्यवस्था होती है, यदि प्रशासन निरन्तर असफल हो रहा हो तो यह माना जाना चाहिए कि उच्च अधिकारी गलत दिशा में रूचिशील हैं। ऐसी स्थिति में प्रशासकीय सुधार की बजाए

सामाजिक नियन्त्रण अधिक प्रभावी सिद्ध हो सकता है। श्रीलंका में जन–समितियाँ इसी प्रकार का प्रयास है। ऐसा नया प्रयास नौकरशाही के मान्य सिद्धान्तों से मेल न खाये, यह सम्भव है।

प्रो. रिग्सके अनुसार, जनता में पैठ तथा जन सहभागिता दोनों एक दूसरे के पूरक हैं।[10] ये परस्पर निर्भर हैं। वर्तमान समय में, विकासशील देशों का समाज सामंती गुण लिये हुए है। प्रशासक जब गाँव या शहर के नजदीक जाता है तो कुछ धनी, प्रभावी, सक्रिय, सुसंस्कृत या शिक्षित व्यक्ति उसके स्वागत के लिए तैयार मिलते हैं। ये व्यक्ति ही प्रशासन का पूरा लाभ प्राप्त कर लेते हैं। समाज का पिछड़ा तबका इस लाभ से वंचित रहता है जो किसी भी समाज या प्रशासनिक व्यवस्था के लिए शुभ–चिन्ह नहीं माना जा सकता। गाँव के दरवाजे पर बैठे ये व्यक्ति प्रशासन को अन्दर नहीं जाने देते और ग्रामीण जनता प्रशासन में हिस्सा नहीं ले पाती।

प्रशासनिक विकास के लिए यह आवश्यक है कि समाज में प्रशासन के कार्यों में हिस्सा लेने की प्रवृत्ति को बढ़ाया जाए और उसे अन्तिम व्यक्ति तक पहुँचने के लिए मजबूर किया जाये। यह कार्य भी प्रशासनिक सुधार से संभव नहीं होगा। इसके लिए आवश्यक है कि केवल राजनीति या प्रतिनिधि–संस्थाओं की ओर ताकते रहने की बजाए जीवन के प्रत्येक क्षेत्र को स्वायत्त रूप में विकसित किया जाना चाहिए जैसे– महिला, युवा तथा पिछड़ा वर्ग संगठन, खेल–कूद, सांस्कृतिक कार्यक्रम, शिक्षा, सामाजिक सुधार तथा रचनात्मक विकास इत्यादि। इससे हितों के बीच टकराव एवं सन्तुलन स्थापित होगा। ऐसा पर्यावरण प्रशासन से सेवा की स्वतः माँग करेगा। फलस्वरूप, समाज में प्रशासन की पैठ, जनसहभागिता, प्रशासन पर लोक नियन्त्रण इत्यादि स्वतः विकसित हो जायेंगें।

प्रो. रिग्स के अनुसार यदि केवल प्रशासकीय संगठन को मजबूत बनाया जाता है तो नौकरशाही सर्वाधिकार प्राप्त (ब्यूरोक्रेटिज्म) हो जायेगी। यदि राजनीति को अधिक मजबूत किया गया तो वह प्रशासन पर हावी (ब्यूरोनोमिया) हो जायेगी और अपने तुच्छ स्वार्थ पूरे करेगी। यदि केवल दोनों (राजनीति व प्रशासन) को मजबूत किया जाता है तो ये आपसी तालमेल बैठाकर सत्ता का दुरुपयोग करेंगें। अतः राजनीति, प्रशासन तथा समाज के विभिन्न वर्गों को समानान्तर दर से विकसित किया जाना चाहिए। ला पालोम्बारा' के अनुसार नये देशों में विकास प्रशासन में क्षमता तथा प्रभावकारिता बाह्य तत्त्वों पर अधिक निर्भर करती है। उनके अनुसार ऐसे प्रमुख तत्त्व– आवश्यकता, संसाधन, बाधाएँ तथा सम्भाव्य शक्ति हैं।[11]

प्रशासनिक विकास की क्षमता में वृद्धि :– सामाजिक–आर्थिक उन्नति और राष्ट्रीय विकास विकासशील देशों की प्राथमिकता है। किन्तु बिना प्रशासनिक क्षमता के इन लक्ष्यों की प्राप्ति सम्भव नहीं है। विकासशील देशों के समस्त स्तर पर प्रशासनिक क्षमता का अभाव पाया जाता है। सामान्य रूप से विकासशील देशों में प्रशासन और प्रबन्ध की क्षमता पर जोर दिया जाता है, इसीलिए यह आवश्यक है कि कुशल योजना और विकास के कार्यों को लागू करने की प्रशासनिक क्षमता में वृद्धि की जाए। द्वितीय विश्वयुद्ध के पश्चात् प्रशासन के कार्यों और उत्तरदायित्व में अपार वृद्धि हुई है। अतः प्रशासनिक सेवाओं के लिए विस्तृत क्षेत्र में व्यावसायिक कौशल की आवश्यकता प्रतीत हुई। इसके साथ लोक–प्रशासकों के कार्य की प्रकृति में बदलाव आया है।

जोसेफ ला पालोम्बरा ने प्रशासनिक क्षमता के दो सामान्य कारणों राजनीतिक समर्थन और शिक्षा का उल्लेख किया है।[12] दोनों का प्रशासनिक क्षमता के विकास में महत्त्व है। राजनीतिक सहयोग और समर्थन के बिना प्रशासनिक क्षमता में उन्नति करना सम्भव नहीं है। इसी प्रकार उचित शिक्षा और प्रशिक्षण प्रशासकों की कार्यक्षमता बढ़ाते हैं। प्रशासनिक क्षमता बढ़ाने में यह सामरिक नीति का आन्तरिक अंग है। संगठन में सेवीवर्ग को कुशल और विकसित करना आवश्यक है जिससे लक्ष्यों की प्राप्ति सरलता से की जा सके। इसके साथ–साथ प्रशासन में सुधार, शोध और विकास की प्रक्रिया चलती रहनी चाहिए, जिससे प्रशासनिक क्षमता में निरन्तर वृद्धि होती है।

उपरोक्त कारणों के अतिरिक्त निम्नलिखित कारण प्रशासनिक क्षमता की वृद्धि में सहायक होते हैं–

(i) प्रशासनिक सुधारों के लिए राजनीतिक समर्थन,
(ii) प्रभावशाली प्रशासकीय नेतृत्व जो कार्यक्रम, विकास और क्रियान्वयन के प्रति समर्पित हो,
(iii) पर्याप्त मानवीय और भौतिक संसाधन,
(iv) लक्ष्यों और मूल्यों की स्पष्ट जानकारी,
(v) वैज्ञानिक, तकनीकी तथा तर्कसंगत आदर्शों को अपनाना,
(vi) सुव्यवस्थित संचालन तथा निरीक्षण पद्धति का होना,
(vii) दूरदर्शिता के रूप में सरकारी–तन्त्र में सुधार करना,
(viii) उत्तम, नवीनीकरण और सुधार के लिए युक्तिसंगत योजना बनाना तथा उस पर

कार्य करना,

(ix) प्रशासनिक संगठनों के लक्ष्यों, नीतियों और क्रियान्वयन में समन्वय स्थापित करना,

(x) प्रशिक्षण कार्यक्रम पर अधिक बल देना,

(xi) मानवीय तत्त्व को उचित महत्त्व देना,

(xii) प्रशासन में कार्यकुशलता बढ़ाने के लिए संगठन और प्रणाली में सुधार करना।[13]

भारतीय सन्दर्भ में प्रशासनिक विकास :– भारत में राष्ट्रीय आन्दोलन के समय से ही विकास की आवश्यकता महसूस की गई। राजाराममोहन राय, स्वामी विवेकानन्द, स्वामी दयानन्द इत्यादि ने संस्कृति एवं समाज के पुनरुद्दार का प्रयास किया। महात्मा गाँधी ने ग्राम स्वराज्य के माध्यम से अपने स्वप्नों के भारत की योजना रखी, परन्तु आजाद भारत में पाश्चात्य व्यवस्थाओं की उसी स्वरूप में नकल की गई। ये व्यवस्थाएँ हमारे सामाजिक पर्यावरण में कारगर सिद्ध नहीं हो पाई हैं। गत् पाँच दशकों का अनुभव बताता है कि प्रशासन, लक्ष्य की अपेक्षा आँकड़ों पर ही बल देता है, विकेन्द्रीयकरण, सहकारिता, समाजवाद, लोक–कल्याण आदि अवधारणाओं के साथ मजाक किया जा रहा है।[14]

विकास प्रशासन बिना विकसित प्रशासन के सफल नहीं हो सकता। भारतीय स्थितियों में प्रशासनिक विकास की निम्नलिखित पूर्व शर्तें हैं–

(i) शासक वर्ग की इच्छा शक्ति विकास करने की हो,

(ii) लोग विकास के लिए आन्दोलित हों, विशेष रूप से बुद्धिजीवी, युवा तथा व्यावसायिक संगठन,

(iii) विकास के लिए माँग या पहल समाज व इसके वर्गों की हो, न कि नौकरशाहों की,

(iv) विकास कार्यों में निरंतरता, प्रयोग तथा मूल्याँकन बराबर होते रहें,

(v) अच्छे प्रयोगों व उपलब्धियों के लिए सामाजिक प्रतिष्ठा प्रदान की जाये।

भारत जैसे देश में विकास प्रशासन की गति संतोषजनक नहीं है। प्रशासन और जनता के बीच खाई को पाटे जाने के बहुत कम प्रयास हो रहें हैं। विकास कार्यों में जनभागिता नाममात्र की है। विकास प्रशासन के सभी अभिकरण ग्रामीण विकास के लिए सतत् प्रयत्नशील रहें तथा विकास से सम्बन्धित अधिकारी स्थानीय आवश्यकताओं और परिस्थितियों को ध्यान में रखते हुए कार्य करें तभी ग्रामीण विकास हो सकता है। बिचौलिये भूस्वामियों के हटाये जाने और पट्टेधारी व्यवस्था में अपेक्षित सुधार के कारण हमारी पंचवर्षीय योजनाओं के

द्वारा ग्रामीण क्षेत्रों में सामाजिक और आर्थिक विकास के लिए आधारभूत भौतिक व संस्थागत ढांचा तैयार करने में और अधिक जागरूक होना पड़ेगा। 1977 में प्रारम्भ काम के बदले अनाज जैसी योजनाओं को अपनाकर निर्धन, बेसहारा और बेरोजगार व्यक्तियों को लाभ पहुँचाने जैसी योजनाओं को नये सिरे से प्रारम्भ किया जाना चाहिए। शिक्षा, स्वास्थ्य, विद्युतीकरण, कुऐं, मकान, पेयजल इत्यादि मूलभूत सुविधाओं का जाल बिछाकर विकास प्रशासन के नये आयाम छूने हैं। विकास प्रशासन की नई अवधारणा के अनुरूप प्रशासकीय विकास के नये कीर्तिमान स्थापित करने होंगें। समेकित ग्राम विकास कार्यक्रम जैसे कार्यक्रमों को प्रोत्साहित कर ग्रामीण भारत की निर्धनता तथा बेरोजगारी को हटाकर उसके स्थान पर आय बढ़ाने वाली परिस्थितियाँ उपलब्ध कराकर उन्हें स्थायी रूप से निर्धनता रेखा से ऊपर लाकर ही विकास प्रशासन के उद्देश्यों को प्राप्त किया जा सकता है।

सारणी–5.1

लिंग के आधार पर उत्तरदाताओं के अनुसार विकास के सन्दर्भ में प्रशासन की भूमिका का वर्गीकरण

उत्तरदाताओं का दृष्टिकोण	पुरुष		महिला		कुल योग	
	कुल	प्रति०	कुल	प्रति०	कुल	प्रति०
हाँ	59	59.0	49	49.0	108	54.0
नहीं	11	11.0	12	12.0	23	11.5
पता नहीं	30	30.0	39	39.0	69	34.5
कुल योग	100	100	100	100	200	100

सारणी से स्पष्ट होता है कि विकास के सन्दर्भ में प्रशासन की भूमिका को 59.0 प्रतिशत पुरुष एवं 49.0 प्रतिशत महिला उत्तरदाता स्वीकारते हैं तथा 11.0 प्रतिशत पुरुष एवं 12.00 प्रतिशत महिला उत्तरदाता प्रशासन की भूमिका को नकारते हैं। जबकि 30.0 प्रतिशत पुरुष एवं 39.0 प्रतिशत महिला उत्तरदाताओं को इस सम्बन्ध में पता नहीं है। कुल उत्तरदाताओं में 54.0 प्रतिशत उत्तरदाता विकास के सन्दर्भ में प्रशासन की भूमिका स्वीकारते हैं तथा 11.5 प्रतिशत उत्तरदाताओं का दृष्टिकोण नकारात्मक है। जबकि 34.5 प्रतिशत उत्तरदाताओं को इस सन्दर्भ में पता नहीं है।

सारणी–5.2

जाति के आधार पर उत्तरदाताओं के अनुसार विकास के सन्दर्भ में प्रशासन की भूमिका का वर्गीकरण

उत्तरदाताओं का दृष्टिकोण	ब्राह्मण		क्षत्रिय		वैश्य		अनु० जाति		अनु० जनजाति		अन्य		कुल योग	
	कुल	प्रति०	कुल	प्रति०	कुल	प्रति०	कुल	प्रति०	कुल	प्रति०	कुल	प्रति०	कुल	प्रति०
हाँ	59	67.8	35	53.9	04	66.6	03	23.1	03	17.7	04	33.3	108	54.0
नहीं	07	8.1	06	9.2	01	16.7	02	15.4	04	23.5	03	25.0	23	11.5
पता नहीं	21	24.1	24	36.9	01	16.7	08	61.5	10	58.8	05	41.7	69	34.5
कुल योग	87	100	65	100	06	100	13	100	17	100	12	100	200	100

सारणी से स्पष्ट होता है कि कुल उत्तरदाताओं में विकास के सन्दर्भ में प्रशासन की भूमिका को ब्राह्मण 67.8 प्रतिशत, क्षत्रिय 53.9 प्रतिशत, वैश्य 66.6 प्रतिशत, अनु. जाति 23.1 प्रतिशत, अनु.जनजाति 17.7 प्रतिशत एवं अन्य 33.3 प्रतिशत उत्तरदाता स्वीकार करते हैं तथा ब्राह्मण 8.1 प्रतिशत, क्षत्रिय 9.2 प्रतिशत, वैश्य 16.7 प्रतिशत, अनु.जाति 15.4 प्रतिशत, अनु.जनजाति 23.5 प्रतिशत एवं अन्य 25.0 प्रतिशत उत्तरदाता प्रशासन की भूमिका को नकारते हैं। जबकि ब्राह्मण 24.1 प्रतिशत, क्षत्रिय 36.9 प्रतिशत, वैश्य 16.7 प्रतिशत, अनु.जाति 61.5 प्रतिशत, अनु.जनजाति 58.8 प्रतिशत एवं अन्य 41.7 प्रतिशत उत्तरदाताओं को इस सम्बन्ध में पता नहीं है।

सारणी–5.3

शैक्षिक स्तर के आधार पर उत्तरदाताओं के अनुसार विकास के सन्दर्भ में प्रशासन की भूमिका का वर्गीकरण

उत्तरदाताओं का दृष्टिकोण	उच्च शिक्षित		मध्यम शिक्षित		अल्प शिक्षित		अशिक्षित		कुल योग	
	कुल	प्रति०	कुल	प्रति०	कुल	प्रति०	कुल	प्रति०	कुल	प्रति०
हाँ	26	89.7	45	78.9	28	62.2	09	13.0	108	54.0
नहीं	01	3.4	04	7.0	05	11.1	13	18.8	23	11.5
पता नहीं	02	6.9	08	14.1	12	26.7	47	68.2	69	34.5
कुल योग	29	100	57	100	45	100	69	100	200	100

सारणी से स्पष्ट होता है कि कुल उत्तरदाताओं में विकास के सन्दर्भ में प्रशासन की

भूमिका को उच्च शिक्षित 89.7 प्रतिशत, मध्यम शिक्षित 78.9 प्रतिशत, अल्प शिक्षित 62.2 प्रतिशत, एवं अशिक्षित 13.0 प्रतिशत उत्तरदाता स्वीकार करते हैं तथा उच्च शिक्षित 3.4 प्रतिशत, मध्यम शिक्षित 7.0 प्रतिशत, अल्पशिक्षित 11.1 प्रतिशत एवं अशिक्षित 18.8 प्रतिशत उत्तरदाता प्रशासन की भूमिका को नकारते हैं। जबकि कुल उत्तरदाताओं में से उच्च शिक्षित 6.9 प्रतिशत, मध्यम शिक्षित 14.1, प्रतिशत अल्पशिक्षित 26.7 प्रतिशत एवं अशिक्षित 68.2 प्रतिशत उत्तरदाताओं को इस सम्बन्ध में पता नहीं है।

<u>सारणी–5.4</u>

मासिक आय के आधार पर उत्तरदाताओं के अनुसार विकास के सन्दर्भ में प्रशासन की भूमिका का वर्गीकरण

उत्तरदाताओं का दृष्टिकोण	उच्च आय वर्ग		मध्यम आय वर्ग		निम्न आय वर्ग		कुल योग	
	कुल	प्रति०	कुल	प्रति०	कुल	प्रति०	कुल	प्रति०
हाँ	22	75.9	57	71.3	29	31.9	108	54.0
नहीं	06	20.7	05	6.2	12	13.2	23	11.5
पता नहीं	01	3.4	18	22.5	50	54.9	69	34.5
कुल योग	29	100	80	100	91	100	200	100

सारणी से स्पष्ट होता है कि कुल उत्तरदाताओं में विकास के सन्दर्भ में प्रशासन की भूमिका को उच्च आय वर्ग के 75.9 प्रतिशत, मध्यम आय वर्ग के 71.3 प्रतिशत एवं निम्न आय वर्ग के 31.9 प्रतिशत उत्तरदाता स्वीकार करते हैं तथा उच्च आय वर्ग के 20.7, प्रतिशत मध्यम आय वर्ग के 6.2 प्रतिशत एवं निम्न आय वर्ग के 13.2 प्रतिशत उत्तरदाता इस सम्बन्ध में प्रशासन की भूमिका को नकारते हैं। जबकि उच्च आय वर्ग के 3.4 प्रतिशत, मध्यम आय वर्ग के 22.5 प्रतिशत एवं निम्न आय वर्ग के 54.9 प्रतिशत उत्तरदाताओं को इस सम्बन्ध में पता नहीं है।

<u>सारणी–5.5</u>

प्रशासन के सन्दर्भ में उत्तरदाताओं के दृष्टिकोण का वर्गीकरण

उत्तरदाताओं का दृष्टिकोण	अधिकारी जन सम्पर्क के लिए आते हैं।		समस्याओं को लेकर अधिकारियों से मिलते हैं		अधिकारी समस्याओं पर ध्यान देते हैं।		अधिकारी सुविधा शुल्क लेते हैं।	
	कुल	प्रति०	कुल	प्रति०	कुल	प्रति०	कुल	प्रति०
अक्सर	19	9.5	47	23.5	21	10.5	18	9.0

कभी–कभी	21	10.5	61	30.5	39	19.5	33	16.5
कभी नहीं	160	80.0	92	46.0	140	70.0	149	74.5
कुल योग	200	100	200	100	200	100	200	100

सारणी से स्पष्ट होता है कि कुल उत्तरदाताओं में से केवल 20.0 प्रतिशत उत्तरदाताओं के अनुसार प्रशासनिक अधिकारी जन–सम्पर्क के लिए आते हैं। 80.0 प्रतिशत उत्तरदाताओं के अनुसार अधिकारी जन–सम्पर्क के लिए नहीं आते हैं। अधिकारियों का जन-संपर्क के लिए न आना प्रशासनिक क्षमता पर प्रश्न चिन्ह लगाता है, जबकि प्रशासनिक क्षमता विकास के लिए आवश्यक अंग मानी जाती है। कुल उत्तरदाताओं में से 54.0 प्रतिशत उत्तरदाता ही अपनी समस्याओं को लेकर अधिकारियों से मिले हैं जबकि 46.0 प्रतिशत उत्तरदाता कभी नहीं मिले। जनसाधारण का अधिकारियों से न मिलने का प्रमुख कारण उनका जन–सम्पर्क के लिए न आना है। कुल उत्तरदाताओं में से 30.0 प्रतिशत उत्तरदाताओं के अनुसार अधिकारी समस्याओं पर ध्यान देते हैं जबकि 70.0 प्रतिशत उत्तरदाताओं के अनुसार अधिकारी समस्याओं पर ध्यान नहीं देते। प्रशासनिक अधिकारियों का समस्याओं पर ध्यान न देना विकास की गति को अवरुद्ध करता है। कुल उत्तरदाताओं में से 25.5 प्रतिशत उत्तरदाताओं के अनुसार अधिकारी सुविधा शुल्क लेते हैं। स्पष्ट होता है कि केवल 74.5 प्रतिशत उत्तरदाताओं की समस्याओं का निराकरण बिना सुविधा शुल्क के हुआ है। अतः कहा जा सकता है कि प्रशासन में अभी भी भ्रष्टाचार व्याप्त है और प्रशासनिक भ्रष्टाचार भी विकास की गति को अवरुद्ध करता है।

<u>सारणी–5.6</u>
प्रशासनिक अधिकारियों के व्यवहार के स्तर का वर्गीकरण

अधिकारियों के व्यवहार का स्तर	उत्तरदाताओं की संख्या	कुल योग	
		कुल	प्रति०
उच्च स्तर	23	23	11.5
मध्यम स्तर	41	41	20.5
निम्न स्तर	136	136	68.0
कुल योग	200	200	200

सारणी से स्पष्ट होता है कि कुल उत्तरदाताओं में से 11.5 प्रतिशत उत्तरदाता ही

प्रशासनिक अधिकारियों के व्यवहार को उच्च स्तर का तथा 20.5 प्रतिशत उत्तरदाता मध्यम स्तर का जबकि 68.0 प्रतिशत उत्तरदाता निम्न स्तर का मानते हैं। अतः स्पष्ट है कि प्रशासनिक अधिकारियों का व्यवहार जन–साधारण के प्रति अच्छा नहीं है जो कि विकास को गति प्रदान करने के दृष्टिकोण से घातक है, क्योंकि विकास के सन्दर्भ में प्रशासनिक व्यवहार भी एक प्रमुख कारक के रूप में कार्य करता है।

अधिकांश विकासशील देश अपने सामाजिक ढाँचे में बड़ा परिवर्तन करने में लगे हुए हैं। यह परिवर्तन प्रशासनिक क्षमता पर निर्भर करता है। प्रशासनिक क्षमता विकास के लिए एक महत्त्वपूर्ण तथा प्रमुख तत्त्व है। प्राचीन समय में विकास योजनाओं और कार्यक्रमों के प्रस्तावों को केवल तकनीकी और आर्थिक सम्भावनाओं के रूप में देखा जाता था, इसके लिए प्रशासनिक उपयोगिता को कोई महत्त्व नहीं दिया जाता था; किन्तु वर्तमान समय में विकास की गति प्रशासनिक क्षमता पर निर्भर करती है। कोई भी सफलता पर्याप्त प्रशासनिक क्षमता के बिना प्राप्त नहीं हो सकती। यहाँ तक कि अच्छी स्थितियों में, अच्छे संस्थान, आत्म–निर्भरता, निवेश के लिए परिश्रम और आत्म–बलिदान की भावना, उच्च शिक्षा दर इत्यादि होने पर भी समाज अपनी प्रगति करने में असफल रहे हैं क्योंकि उनके पास आवश्यक प्रशासनिक क्षमता का अभाव था।

भारत में ग्रामीण और शहरी क्षेत्रों में जन सुविधाओं की दृष्टि से बहुत भेद रहा है। भारत की अधिकाँश जनसंख्या ग्रामीण क्षेत्र में निवास करती है। गढ़वाल की भी लगभग 86 प्रतिशत जनसंख्या ग्रामीण क्षेत्र में निवास करती है। ग्रामीण क्षेत्रों के पिछड़े होने तथा बेरोजगारी की समस्या के कारण गढ़वाल मण्डल से निरन्तर पलायन हो रहा है जिसे रोकना बहुत आवश्यक है। गढ़वाल मण्डल में विकास की गति मन्द होने का प्रमुख कारण प्रशासनिक व्यवस्था, भ्रष्टाचार, व्यवहार तथा प्रशासनिक उदासीनता के साथ–साथ यहाँ का अशिक्षित और गरीब जनमानस रहा है। अतः गढ़वाल मण्डल में सार्वजनिक प्रशासन को अवश्य ही पुनः निर्मित, नवीनीकृत तथा इस प्रकार सशक्त किया जाना चाहिए ताकि समाज में अभीष्ट परिवर्तन हो सके। गढ़वाल मण्डल में विकास एक चुनौती बन चुका है, इसके लिए ऐसी प्रशासनिक पद्धति को बनाया और लागू किया जाए जो वास्तव में विकास की गति को तीव्र कर दें तथा उत्तराखण्ड राज्य को अपने संसाधनों का प्रभावी उपयोग करने में समर्थ बना दें; क्योंकि उत्तराखण्ड में संसाधनों की कमी नहीं है अपितु कमी है तो चरित्र और व्यक्तित्व की। नैतिकता का अभाव तथा उच्च पदों से लेकर नीचे के स्तर तक व्याप्त

भ्रष्टाचार के कारण आम नागरिक का जीवन कठिन हो रहा है। साथ ही साथ विकास के लिए गढ़वाल की जन-शक्ति को भी गतिशील होना होगा।

संदर्भ-सूची

1. अवस्थी, ए. पी., विकास प्रशासन, लक्ष्मी नारायण अग्रवाल, आगरा, 2001, पृष्ठ-191।
2. बर्थवाल, सी. पी., आधुनिक राजनीतिक विश्लेषण, उत्तर प्रदेश हिन्दी ग्रन्थ अकादमी, लखनऊ, 1974, पृष्ठ-370।
3. गौतम, शिवदयाल, समकालीन राजनीतिक चिन्तन, मध्य प्रदेश हिन्दी ग्रन्थ अकादमी, भोपाल, 1997, पृष्ठ-70।
4. अवस्थी, ए.पी.,पूर्वोक्त, पृष्ठ-192।
4. सोल, एम. काज, ए मैथेडोलोजिकल नोट आन ऐप्रिएशिंग एडमिनिस्ट्रेटिव केपेबिलिटी फार डेवलपमेन्ट इन ऐप्रिएशिंग एडमिनिस्ट्रेटिव फॉर डेवलपमेन्ट, पृष्ठ-99-100।
6. अवस्थी, ए. पी., पूर्वोक्त, पृष्ठ-194।
7. रिग्स, डब्लू.एफ., द आइडिया आफ डेवलपमेन्ट, रिग्स(सम्पा.), द फ्रन्टियर्स ऑफ डेवलपमेन्ट एडमिनीस्ट्रेशन, डरहम ड्यूक यूनीवर्सिटी प्रेस, 1970, पृष्ठ-7-8।
8. मेहता, एस. सी.(सम्पा.)लोक प्रशासन एवं प्रबन्ध, राजस्थान हिन्दी ग्रन्थ अकादमी, जयपुर, 1990, पृष्ठ-523।
9. रिग्स, डब्लू एफ., पूर्वोक्त।
10. तदैव, पृष्ठ-67।
11. ला पालोम्बरा, जे., ब्यूरोक्रेसी एण्ड पालिटिकल डेवलपमेन्ट, प्रिंस्टन न्यू जर्सी, प्रिंस्टन यूनीवर्सिटी प्रेस, 1966, पृष्ठ-47।
12. तदैव, पृष्ठ-50।
13. अवस्थी, ए. पी.,पूर्वोक्त, पृष्ठ-195।
14. मेहता, एस.सी., (सम्पा.) पूर्वोक्त, पृष्ठ-525।

अध्याय—छ:
लोक—कल्याण के लक्ष्य तथा राजनीतिक विकास

यूनानी विचारकों में अरस्तू को यह श्रेय दिया जाता है कि उसने सर्वप्रथम राज्य की उपयोगिता का वर्णन किया था। अरस्तू के मतानुसार, राज्य की उत्पत्ति व्यक्ति के जीवन के लिए हुई है और उसका अस्तित्त्व श्रेष्ठ जीवन की प्राप्ति के लिए निरन्तर बना हुआ है। श्रेष्ठ एवं सुखी जीवन मनुष्य का उद्देश्य है और इसी उद्देश्य की पूर्ति राज्य द्वारा की जाती है।[1] राज्य के स्वरूप के सन्दर्भ में यह पूर्ण विवरण नहीं माना जा सकता क्योंकि, अरस्तू के इस विचार में राज्य के स्वरूप से सम्बन्धित अन्य पक्षों को स्पष्ट नहीं किया गया है। क्रियात्मक रूप से राज्य एक संगठित शक्ति है। राज्य व्यक्ति के जीवन से सम्बन्धित सभी सामाजिक, आर्थिक और राजनीतिक क्षेत्रों के लिए कार्य करता है। कई प्रकार के अधिकार, कर्त्तव्य तथा कभी—कभी दण्ड की व्यवस्था भी करता है। राज्य के उद्देश्य एवं कार्यों के प्रश्नों पर अलग—अलग विचार व्यक्त किए गए हैं। कई लेखक राज्य के कार्य—क्षेत्र को उचित बताते हैं तो कई उसे अनुचित सिद्ध करते हैं।

आज परिवर्तित परिस्थितियों में किसी राज्य की महानता या श्रेष्ठता उसकी शक्ति सम्पन्नता से नहीं आँकी जाती वरन् इस सम्बन्ध में यह भी देखा जाता है कि अमुक राज्य किस हद तक लोक—कल्याणकारी है। लोक—कल्याणकारी राज्य का विचार निरन्तर गति पकड़ रहा है और सभी प्रकार की शासन प्रणालियों वाले राज्य अपनी परिस्थितियों के अनुसार अपने राज्य को लोक—कल्याणकारी बनाने का प्रयास भी कर रहे हैं। यही कारण है कि आधुनिक विश्व के सभी राज्य चाहे वह एशिया, अफ्रीका के विकासशील देश हों अथवा यूरोप के आधुनिकतम औद्योगिक रूप से विकसित देश; सर्वत्र लोक—कल्याणकारी राज्य की अवधारणा राजनीतिशास्त्र के शब्दकोश की अभिन्न अंग बन गई है। वास्तव में, लोक—कल्याणकारी राज्य की अवधारणा द्वारा राज्य के कार्य क्षेत्र का विस्तार हुआ है।

कल्याण शब्द बड़ा ही गतिशील है और इसका अर्थ भी समय की गति के साथ बदलता रहा है।[2] प्रारम्भ में कल्याणकारी उपायों का स्वरूप उपशमनात्मक अर्थात् निर्धनों, अनाथों, विधवाओं, शरीर से अशक्त इत्यादि लोगों की सहायता पहुँचाने वाला था; परन्तु बाद में इस शब्द का व्यापक अर्थ लिया जाने लगा और उसमें स्वास्थ्य के प्रावधानों, शैक्षिक एवं आवास

सेवाओं, श्रमिक वर्ग के संरक्षण सम्बन्धी विधानों, सामाजिक सुरक्षा, उपायों इत्यादि को भी सम्मिलित किया गया। तथापि इससे कल्याण का एक ही पहलू प्रकट होता था, क्योंकि समाज के निर्बल अंगों के लाभ के साथ–साथ सुदृढ़ अंगों के लिए भी प्रस्तावित कोई उपाय कल्याण शब्द के अर्न्तगत ही सम्मिलित हो सकता था। उदाहरणार्थ, धनी लोगों पर कर लगाना तथा संचित करना और उसे निर्धन लोगों के कल्याण में प्रयोग किया जाना आर्थिक कल्याण का एक पहलू कहा जा सकता है। अधिकतम लोगों के अधिकतम हित की जनोपयोगी धारणा को इस व्यापक सन्दर्भ में कल्याणकारी उपाय माना जा सकता है। प्रो. टिटमस ने व्यक्ति की कुछ आवश्यकताओं को पूर्ण करने और/अथवा समाज के व्यापक हितों को देखने वाले सामूहिक हस्तक्षेपों को कल्याण की तीन प्रमुख श्रेणियों में विभक्त किया है, समाज कल्याण (या समाज सेवा), वित्तीय कल्याण और व्यवसायिक कल्याण।[3]

मानव हित के साधन के रूप में राज्य का विचार कोई नवीन विचार नहीं है। उसका अस्तित्त्व प्राचीन और पाश्चात्य दोनों ओर की अति प्राचीनकालीन राजनीतिक विचारधाराओं में मिलता है। प्राचीनकाल में राम–राज्य की जो अवधारणा प्रचलित थी, उसमें लोक–कल्याणकारी भाव निहित था कि प्रत्येक व्यक्ति को अपने व्यक्तित्व के सर्वांगीण विकास के लिए अवसर मिलना चाहिए। राज्य का कर्त्तव्य है कि वह अपने सभी नागरिकों को विकास के सभी अधिकार प्रदान करें।

पाश्चात्य राजनीतिक विचारक प्लेटो और अरस्तू ने जो विचार व्यक्त किये, उनमें लोक–कल्याणकारी राज्य का विचार निहित था। दोनों ने राज्य को एक नैतिक संगठन कहा है, जिसका उद्देश्य किसी एक वर्ग विशेष के लिए न होकर समस्त नागरिकों का कल्याण करना है।

भारत एक ग्राम प्रधान देश है। इसकी समृद्धि ग्रामीण क्षेत्रों की समृद्धि पर निर्भर करती है। सम्भवतः ग्रामीण क्षेत्रों का विकास तभी हो सकता है जब राष्ट्रीय स्तर पर गाँवों में समाज सुधार तथा कल्याणकारी कार्यक्रमों को प्रोत्साहन दिया जाए।

भारत में मुख्य रूप से समाज सुधार शब्द का प्रयोग संकुचित व व्यापक दोनों अर्थों में किया जाता है। संकुचित अर्थों में इसका प्रयोग हानिकारक सामाजिक कुरीतियों के उन्मूलन में किया जाता है जिसमें सती प्रथा, विधवा एवं बाल विवाह, जाति–भेद, मद्यपान, पर्दा प्रथा, अस्पृश्यता, वेश्यावृत्ति इत्यादि कुरीतियाँ सम्मिलित है।[4] समय के साथ–साथ समाज सुधार की परिधि का व्यापकीकरण हुआ। वर्तमान समय में समाज सुधार से तात्पर्य सामाजिक कुरीतियों

से लड़ना ही नहीं अपितु समाज में स्थापित संस्थाओं, परम्पराओं और विश्वास को आधुनिकीकरण की माँग के अनुसार संशोधित करना भी है। साधारणतः लोक–कल्याणकारी राज्य का तात्पर्य एक ऐसे राज्य से होता है जिसके अन्तर्गत शासन की शक्ति का प्रयोग किसी एक वर्ग विशेष के कल्याण हेतु ही नहीं वरन् सम्पूर्ण जनता के कल्याण के लिए किया जाता है। कल्याणकारी राज्य में राज्य का कार्य क्षेत्र विस्तृत होता है, जिससे अधिक से अधिक लोगों का विकास हो सके। लोक–कल्याणकारी राज्य का उद्देश्य इस प्रकार की परिस्थितियों का निर्माण करना है जिसमें प्रत्येक व्यक्ति अपने व्यक्तित्व का स्वतन्त्र रूप से सर्वांगींण विकास कर सके।

पिछड़े क्षेत्रों में समाज सुधार तथा कल्याण के कार्यक्रमों की सफलता राजकीय सहायता और प्रशासनिक योजनाओं पर ही निर्भर नहीं करती, बल्कि इन क्षेत्रों में ऐसे लोक–कल्याणकारी कार्यक्रमों को सफल बनाने के लिए आम व्यक्ति को उस ओर प्रेरित करना भी अवश्यक है; इसके साथ उन्हें ऐसे कार्यक्रमों के लाभ और दूरगामी परिणामों से अवगत कराया जाए। लोक–कल्याणकारी कार्यक्रमों के उचित क्रियान्वयन के लिए सरकारी मशीनरी पूरी तौर से सक्षम नहीं हो सकती। इसके लिए क्षेत्र के सक्षम व्यक्तियों में सेवाभावों को उत्पन्न कराना भी आवश्यक होता है।

राजनीतिक दृष्टि से लोक–कल्याणकारी राज्य का आदर्श विकसित तथा विकासशील सभी समाजों के लिए अपनी विशिष्ट प्रासंगिकता रखता है, जिसके कारण राज्य के लोक–कल्याणकारी कार्यों का महत्त्व बढ़ गया है; किन्तु राज्य स्वयं लोक–कल्याणकारी राज्य के आदर्शों को प्राप्त नहीं कर सकता। इसके लिए जनसहभागिता और सहयोग की मौलिक रूप से आवश्यकता होती है। राजनीतिक दृष्टि से विकसित समाजों में लोक–कल्याणकारी कार्यों के सम्पादन में राज्य को नागरिकों का वांछित सहयोग प्राप्त हो जाता है, परन्तु विकासशील राजनीतिक समाजों में इसकी स्थिति भिन्न होती है। राजनीतिक विकास की ओर उन्मुख विकासशील राजनीतिक समाजों में अभिजन–वर्ग ही लोक–कल्याणकारी कार्यों के निष्पादन में सक्रिय और प्रभावी सहभागिता रखते हैं।

किसी भी समाज का स्वरूप सदैव एक जैसा नहीं रहता। सभी समाजों में परिवर्तन होते रहते हैं, चाहें वे सदियों में हों अथवा केवल कुछ दशाब्दियों में, यद्यपि परितर्वन की गति एवं दर की दृष्टि से विभिन्न समाजों में विभिन्नतायें देखी जा सकती है।[5] इस प्रकार प्रत्येक समाज गत्यात्मक होने के कारण परिवर्तनशील होता है।

लोक-कल्याण का अर्थ :– लोक-कल्याण किसी राज्य के नागरिकों के मानसिक, सांस्कृतिक, सामाजिक, नैतिक, आर्थिक तथा राजनीतिक विकास में सहयोग देता है। वह समाज में शोषण का अन्त चाहता है तथा ऐसा वातावरण तैयार करता है जिससे मानव-जीवन के सभी क्षेत्रों की उन्नति हो, तथापि प्रत्येक प्रकार के विकास कार्य से नागरिकों में दरिद्रता और पराश्रय की भावना का विकास न हो अन्यथा उसकी स्वतः प्रेरणा और स्वावलम्बन की भावनाओं का लोप हो जायेगा। साथ ही लोक-कल्याण नागरिकों का अधिकार है, राज्य द्वारा दान नहीं। व्यक्ति और राज्य के बीच उपयुक्त सम्बन्धों की स्थापना तभी सम्भव है जब राज्य व्यक्ति की उन्नति में सहायक हो।

लोक-कल्याण के लक्ष्य :–

1. शिक्षा :– कोई भी राज्य तब तक उन्नति नहीं कर सकता जब तक उसके नागरिक भली-भाँति शिक्षित न हों। शिक्षा का कार्य आधुनिक युग में व्यक्तिगत संस्थाओं पर नहीं छोड़ा जा सकता। सम्पूर्ण राष्ट्र के लिए एक ही शिक्षा प्रणाली होनी चाहिए। शिक्षा के प्रसार के लिए राज्य का कर्त्तव्य है कि वह सारे देश में राष्ट्र-भाषा की शिक्षा का प्रबन्ध करे। राज्य प्रारम्भिक, माध्यमिक, उच्चस्तरीय शिक्षा की व्यवस्था तथा महिला एवं प्रौढ़ शिक्षा पर समुचित ध्यान दें। विज्ञान की शिक्षा के साथ-साथ ही औद्योगिक एवं कृषि सम्बन्धी शिक्षा के प्रति भी उदासीन न रहें। राज्य का कर्त्तव्य है कि वह पुस्तकालयों, प्रयोगशालाओं, संग्रहालयों और अन्वेषणालयों का प्रबन्ध करे।

2. सफाई और स्वास्थ्य रक्षा :– प्रत्येक राज्य का कर्त्तव्य है कि वह अपने नागरिकों के नैतिक, मानसिक तथा शारीरिक स्वास्थ्य का ध्यान रखें। इसके लिए राज्य नागरिकों को स्वास्थ्य विषयक नियमों की शिक्षा दे। गन्दी, नशीली एवं हानिकारक वस्तुओं की बिक्री को प्रतिबन्धित करे। हवादार एवं प्रकाशयुक्त मकानों तथा उत्तम चिकित्सालयों का प्रबन्ध करें। शुद्ध खाद्य-पदार्थों के विक्रय की व्यवस्था करें तथाप्रकाश, स्वच्छ जल, सफाई इत्यादि की भी उत्तम व्यवस्था करे।

3. यातायात के साधनों की सुविधा :– आधुनिक युग में यातायात के साधन देश के आर्थिक, सामाजिक एवं राजनीतिक विकास के प्राण हैं। अतः राज्य का परम् कर्त्तव्य है कि आवागमन एवं संचार-साधनों की समुचित व्यवस्था करे।

4. आवश्यक है कि राज्य व्यापार, कृषि एवं उद्योग-धन्धों की उन्नति के लिए नियम बनाए तथा उनकी समुचित व्यवस्था करे। इसके लिए राज्य उत्तम बीज, खाद एवम्

कृषि—यन्त्रों का प्रबन्ध करे। उपयोगी पशुओं की हत्या पर रोग लगाए। सहकारी भण्डार तथा समितियों का गठन करे। कच्चे—माल के निर्यात को प्रोत्साहन दे और पक्के माल के आयात को नियन्त्रित करे। कारखानों को आर्थिक सहायता दे।औद्योगिक अन्वेषण केन्द्र खोले एवं अन्तर्राष्ट्रीय व्यापारिक समझौते करे, देश में बैंकिंग और मुद्रा की स्थिर व्यवस्था करें। उत्पादन पर राष्ट्रीय हित की दृष्टि से प्रतिबन्ध लगाए। देश में ट्रेड कमीशनों की नियुक्ति करे एपं नागरिकों को रोजगार दिलाने का प्रबन्ध करे। बड़े—बड़े उद्योग—धन्धों; जैसे— रेल, डाक—तार, बिजली, इस्पात, शक्ति—उत्पादन इत्यादि का राष्ट्रीयकरण करे।

5. प्राकृतिक संसाधनों का विकास :— राज्य का कर्त्तव्य है कि वह वनों की रक्षा एवं सफाई, सिंचाई, यातायात और बिजली के लिए नदियों के जल के उपयोग, खनिज पदार्थों के उत्पादन की व्यवस्था एवं उसके नियन्त्रण तथा पर्वतों और समुद्र की रक्षा इत्यादि पर समुचित ध्यान देकर राष्ट्र के प्राकृतिक संसाधनों के सदुपयोग का प्रबन्ध करे।

6. सामाजिक सुधार :— सामाजिक उन्नति और सुधार के लिए आवश्यक है कि राज्य देश में फैली हुई सामाजिक बुराईयों के उन्मूलन के लिए प्रयत्न करे और आवश्यक नियम भी बनाए। भारत में इस प्रकार की बुराइयों में पर्दा प्रथा, अस्पृश्यता, जाति का भेदभाव, बाल विवाह इत्यादि सम्मिलित हैं।

7. मजदूरों का हित और निर्धन तथा अपाहिजों की रक्षा :— राज्य पूँजीपतियों और जमींदारों के अत्याचारों से मजदूरों की रक्षा के लिए उद्योग कानून का निर्माण करता है। इसी प्रकार निर्धन और अपाहिजों की सेवा के लिए निर्धन आवास, अन्धों के लिए आवास व्यवस्था, पागलखाने, औषधालय इत्यादि का प्रबन्ध करना भी राज्य का परम कर्त्तव्य है।

8. मनोरंजन की सुविधाएँ :— राज्य को जनता के मनोविनोद के लिए विभिन्न प्रकार की व्यवस्थाएँ करनी पड़ती हैं। राज्य पार्कों, नाट्य—गृहों, सार्वजनिक स्नान—गृहों, रेडियों, सिनेमा इत्यादि की व्यवस्था भी करता है।[6]

सामुदायिक विकास योजनाएँ :— सामुदायिक विकास यह शब्द भारतवर्ष में एक अनूठा नामकरण है।[7] सामुदायिक विकास आन्दोलन ग्रामवासियों में मनोवैज्ञानिक परिवर्तन लाना चाहता है। इसका उद्देश्य ग्रामवासियों में नई आकांक्षाओं, अनुप्रेरणाओं, तकनीकों तथा नवीन साहस का संचार करना है, ताकि अपरिमेय जन—साधनों को देश के नवीन आर्थिक विकास के काम में लाया जा सके। सामुदायिक विकास योजना का उद्घाटन 2 अक्टूबर, 1952 में हुआ।[8]

योजनाओं के चरण :– सामुदायिक विकास योजना को तीन चरणों में विभक्त किया जा सकता है यथा– राष्ट्रीय विस्तार चरण, गहन सामुदायिक विकास चरण और गहन विकासोत्तर चरण। ऐसा कहीं निर्धारित नहीं है कि प्रत्येक जगह दो चरण एक दूसरे के बाद बारी-बारी से चलेंगे क्योंकि राष्ट्रीय विस्तार चरण को कुछ क्षेत्रों में गहन सामुदायिक विकास चरण हेतु उपेक्षित कर दिया गया है। साधारणतः प्रथम और द्वितीय चरण का समय तीन-तीन वर्ष निर्धारित किया गया है।

प्रथम चरण में वे चुने गए क्षेत्र हैं, जिनको इस विधि के अन्तर्गत लाया गया है; ताकि उनके द्वारा कम सरकारी खर्चें पर सामान्य ग्राम-विकास के ढाँचे पर अधिक से अधिक सेवायें प्राप्त की जा सकें। गहन चरण में जिन खण्डों को चुना गया है उनको अधिक सरकारी खर्चें के आधार पर समन्वित और गहन विकास योजना के अन्तर्गत लाया गया है। गहन विकासोत्तर चरण में ऐसा मान लिया गया है कि प्रथम चरण के काल में स्थापित स्वचालित प्रक्रिया का आधार निर्माण करने के साथ सरकारी खर्च को काफी कम कर दिया गया है। धीरे-धीरे क्षेत्रों को अपने विकास हेतु विकास-विभागों की देख-रेख में छोड़ दिया जाता है।

1952-53 की सामुदायिक योजनाओं के अनुक्रम में प्रत्येक खण्ड के लिए तीन साल की अवधि के लिए 22 लाख रुपये की व्यवस्था की गई। यह 1953-54 के अनुक्रम में घटा कर 15 लाख कर दी गई। राष्ट्रीय विस्तार सेवा के तीन साल की अवस्था के लिए वर्तमान व्यवस्था 4 लाख रुपये की है और सामुदायिक विकास अवस्था के लिए 8 लाख रुपये का आयोजन है। दूसरे शब्दों में, प्रत्येक खण्ड का वार्षिक खर्चा पहले 7.3 लाख से 5 लाख और अब घटाकर 2 लाख तक कर दिया गया है।[9]

योजनाओं के मुख्य कार्यक्रम :– सामुदायिक योजना के प्रवर्तकों ने कार्यक्रमों की एक सुन्दर सूची तैयार की है। इसमें नाना प्रकार के प्रकरण सम्मिलित हैं जो कि निम्नलिखित कार्यों से सम्बद्ध हैं–

(i) कृषि तथा उससे सम्बन्धित विषय,
(ii) संदेशवाहन के साधन,
(iii) शिक्षा,
(iv) स्वास्थ्य,
(v) प्रशिक्षण,

(vi) समाज-कल्याण,

(vii) पूरक रोजगार,

(viii) मकान।

1957 में नियुक्त चतुर्थ मूल्याँकन प्रतिवेदन ने सामुदायिक विकास योजना द्वारा सम्पन्न कार्यक्रमों के वर्गीकरण हेतु विभिन्न मानकों को अपनाया। इसने कार्यक्रम की क्रियाओं को निम्नलिखित प्रमुख भागों में बाँटा है—

1. निर्माण सम्बन्धी कार्यक्रम,
2. भू-सिंचन कार्यक्रम,
3. कृषि सम्बन्धी कार्यक्रम,
4. संस्थागत एवं अन्य कार्यक्रम।

इन प्रत्येक कार्यक्रम के अन्तर्गत विभिन्न क्रियाओं की सूची निम्नलिखित है—

1. निर्माण सम्बन्धी कार्यक्रम :— कच्चे-पक्के रास्ते, अद्यप्रणाल, नाली, सड़कों की फर्शबन्दी, स्कूलों के लिए इमारतें, सामुदायिक केन्द्रों के लिए इमारतें, चिकित्सा के लिए इमारतें, हरिजनों के लिए मकान और पीने के लिए जल का प्रबन्ध।

2. भू-सिंचन कार्यक्रम :— कुंए, पम्प के लिए मशीनें, नलकूप तथा तालाब।

3. कृषि सम्बन्धी कार्यक्रम :— उपादेयकरण भूमि-संरक्षण, धृत क्षेत्रों का एकत्रीकरण, उन्नत बीज, खाद और उर्वरक, नाशि कीटमार, कृषि के लिए उन्नत विधियाँ और उन्नत उपकरण।

4. संस्थागत तथा अन्य कार्यक्रम :— युवक सभाएँ, नारी-संगठन, सामुदायिक केन्द्र, विकास मण्डल, सहकारी समितियाँ, वितरण भण्डार, प्रसूति केन्द्र, औषधालय, पशु-चिकित्सालय, मुख्य ग्राम केन्द्र, पंचायत, प्रौढ़ शिक्षा केन्द्र, प्राथमिक शिक्षा केन्द्र, दाई प्रशिक्षण केन्द्र, गृह उद्योग, उत्पादक तथा प्रशिक्षण केन्द्र, प्रदर्शन के लिए स्थानों का आयोजन, आभूषण-गर्त तथा निर्धूम चूल्हा।[10]

स्वतन्त्रता प्राप्ति के पश्चात् देश भर में पंचायतीराज व्यवस्था को अपनाया गया। जिसकी स्थापना का मूल उद्देश्य ग्रामीण व्यक्तियों के द्वारा अपने सामाजिक, आर्थिक और राजनीतिक कार्यों में प्रभावशाली सहभागिता उत्पन्न करना था। पंचायतीराज की स्थापना से व्यक्तियों में सहभागिता की इच्छा उत्पन्न कर शासकीय कर्मचारियों के सहयोग से स्थानीय स्तर पर अनेक विकास योजनाएँ निर्मित व क्रियान्वित करने का उद्देश्य भी था। सामुदायिक विकास कार्यक्रम

का प्रारम्भ इसलिए किया गया था ताकि आर्थिक नियोजन एवं सामाजिक पुनरुद्धार की राष्ट्रीय योजनाओं के प्रति देश की ग्रामीण जनता में सक्रिय रुचि पैदा की जा सके।[11] परन्तु पंचायती राज के उद्देश्यों की प्राप्ति के लिए लोगों को तैयार तथा संसाधनों को जुटाना इत्यादि महत्त्वपूर्ण कार्यों का निर्धारण नेतृत्व के द्वारा ही किया जाता है। विकास योजनाओं में सक्रिय भागीदारी के लिए यह भी आवश्यक है कि व्यक्ति तत्कालीन घटनाओं का उचित ज्ञान भी रखे। व्यक्तियों में सामाजिक, आर्थिक और राजनीतिक घटनाओं की उचित चेतना व ज्ञान के प्रसार हेतु स्थानीय नेतृत्व को उत्तरदायी माना जाता है। समाज के ऐसे व्यक्ति, जिन्हें अधिक राजनीतिक व शासकीय समस्याओं का ज्ञान रहता है, वे समाज के नेतृत्व को प्राप्त कर लेते हैं। ऐसे व्यक्ति स्थानीय तथा राष्ट्रीय स्तर के मध्य सम्पर्क सूत्र का कार्य करते हैं।[12] जन-संचार के साधनों और सम्बन्धित शासकीय अधिकारियों के सम्पर्क में रहने वाला व्यक्ति ग्रामीण नेतृत्व को अधिक सरलता से प्राप्त कर सकता है।[13]

मुख्यतः अभिजन-वर्ग के नेतृत्व तथा सक्रियता पर ही सरकार द्वारा कार्यान्वित सामुदायिक विकास की योजनाओं की सफलता तथा प्रशासन के मध्य महत्त्वपूर्ण कड़ी का कार्य करता है।

<u>सारणी–6.1</u>

लिंग के आधार पर उत्तरदाताओं का विकास से सम्बन्धित सरकारी कार्यक्रमों से सन्तुष्टि का वर्गीकरण

उत्तरदाताओं का दृष्टिकोण	पुरुष		महिला		कुल योग	
	कुल	प्रति०	कुल	प्रति०	कुल	प्रति०
पूर्णतया सन्तुष्ट	08	8.0	05	5.0	13	6.5
आंशिक सन्तुष्ट	25	25.0	27	27.0	52	26.0
असन्तुष्ट	67	67.0	68	68.0	135	67.5
कुल योग	100	100	100	100	200	100

सारणी से स्पष्ट होता है कि विकास से सम्बन्धित सरकारी कार्यक्रमों से केवल 8.0 प्रतिशत पुरुष एवं 5.0 प्रतिशत महिला उत्तरदाता ही पूर्णतया सन्तुष्ट हैं तथा 25.0 प्रतिशत

पुरुष और 27.0 प्रतिशत महिला उत्तरदाता आंशिक सन्तुष्ट हैं।जबकि 67.0 प्रतिशत पुरुष तथा 68.0 प्रतिशत महिला उत्तरदाता असंतुष्ट हैं। कुल उत्तरदाताओं में से केवल 6.5 प्रतिशत उत्तरदाता विकास के सरकारी कार्यक्रमों से पूर्णतया सन्तुष्ट हैं तथा 26.0 प्रतिशत उत्तरदाता आंशिक सन्तुष्ट है। जबकि 67.5 प्रतिशत उत्तरदाता असन्तुष्ट हैं।

सारणी–6.2

जाति के आधार पर उत्तरदाताओं का विकास से सम्बन्धित सरकारी कार्यक्रमों से सन्तुष्टि का वर्गीकरण

उत्तरदाताओं का दृष्टिकोण	ब्राह्मण		क्षत्रिय		वैश्य		अनु० जाति		अनु० जनजाति		अन्य		कुल योग	
	कुल	प्रति०	कुल	प्रति०	कुल	प्रति०	कुल	प्रति०	कुल	प्रति०	कुल	प्रति०	कुल	प्रति०
पूर्णतया सन्तुष्ट	09	10.4	04	6.2	–	–	–	–	–	–	–	–	13	6.5
आंशिक सन्तुष्ट	21	24.1	15	23.1	02	33.3	04	30.8	05	29.4	05	41.7	52	26.0
असन्तुष्ट	57	65.5	46	70.7	04	66.7	09	69.2	12	70.6	07	58.3	135	67.5
कुल योग	87	100	65	100	06	100	13	100	17	100	12	100	200	100

सारणी से स्पष्ट होता है कि विकास से सम्बन्धित सरकारी कार्यक्रमों से ब्राह्मण 10.4 प्रतिशत, क्षत्रिय 6.2 प्रतिशत, वैश्य शून्य प्रतिशत, अनु०जाति शून्य प्रतिशत, अनु०जनजाति शून्य प्रतिशत, एवं अन्य शून्य प्रतिशत उत्तरदाता पूर्णतया सन्तुष्ट हैं तथा ब्राह्मण 24.1, क्षत्रिय 23.1, वैश्य 33.3, अनु०जाति 30.8, अनु०जनजाति 29.4 प्रतिशत एवं अन्य 41.7 प्रतिशत उत्तरदाता आंशिक सन्तुष्ट हैं। जबकि ब्राह्मण 65.5प्रतिशत क्षत्रिय 70.7, वैश्य 66.7, अनु० जाति 69.2 प्रतिशत, अनु०जनजाति 70.6 प्रतिशत तथा अन्य 58.3 प्रतिशत उत्तरदाता असन्तुष्ट हैं।

सारणी–6.3

शैक्षिक स्तर के आधार पर उत्तरदाताओं का विकास से सम्बन्धित सरकारी कार्यक्रमों से सन्तुष्टि का वर्गीकरण

उत्तरदाताओं का दृष्टिकोण	उच्च शिक्षित		मध्यम शिक्षित		अल्प शिक्षित		अशिक्षित		कुल योग	
	कुल	प्रति०	कुल	प्रति०	कुल	प्रति०	कुल	प्रति०	कुल	प्रति०
पूर्णतया सन्तुष्ट	06	20.7	05	8.8	02	4.4	–	–	13	6.5
आंशिक सन्तुष्ट	16	55.2	12	21.1	08	17.8	16	23.2	52	26.0
असन्तुष्ट	07	24.1	40	70.1	35	77.8	53	76.8	135	67.5
कुल योग	29	100	57	100	45	100	69	100	200	100

सारणी से स्पष्ट होता है कि विकास से सम्बन्धित सरकारी कार्यक्रमों से उच्च शिक्षित वर्ग में 20.7 प्रतिशत, मध्यम शिक्षित वर्ग में 8.8 प्रतिशत, अल्प शिक्षित वर्ग में 4.4 प्रतिशत एवं अशिक्षित वर्ग में शून्य प्रतिशत उत्तरदाता ही पूर्णतया सन्तुष्ट है। उच्च शिक्षित वर्ग में 55.2, मध्यम शिक्षित वर्ग में 21.1, अल्पशिक्षित वर्ग में 17.8 तथा अशिक्षित वर्ग में 23.2 प्रतिशत उत्तरदाता ही आंशिक सन्तुष्ट हैं। जबकि उच्च शिक्षित वर्ग में 24.1 प्रतिशत, मध्यम शिक्षित वर्ग में 70.1, अल्प शिक्षित वर्ग में 77.6 तथा अशिक्षित वर्ग में 76.8 प्रतिशत उत्तरदाता असन्तुष्ट हैं।

सारणी–6.4

मासिक आय के आधार पर उत्तरदाताओं का विकास से सम्बन्धित सरकारी कार्यक्रमों से सन्तुष्टि का वर्गीकरण

उत्तरदाताओं का दृष्टिकोण	उच्च आय वर्ग		मध्यम आय वर्ग		निम्न आय वर्ग		कुल योग	
	कुल	प्रति०	कुल	प्रति०	कुल	प्रति०	कुल	प्रति०
पूर्णतया सन्तुष्ट	07	24.2	06	7.5	–	–	13	6.5
आंशिक सन्तुष्ट	13	44.8	17	21.3	22	24.2	52	26.0
असन्तुष्ट	09	31.0	57	71.2	69	75.8	135	67.5
कुल योग	29	100	80	100	91	100	200	100

सारणी से स्पष्ट होता है कि विकास से सम्बन्धित सरकारी कार्यक्रमों से उच्च आय वर्ग में 24.2, मध्यम आय वर्ग में 7.5 और निम्न आय वर्ग में शून्य प्रतिशत उत्तरदाता तथा कुल उत्तरदाताओं में से केवल 6.5 प्रतिशत उत्तरदाता ही पूर्णतया सन्तुष्ट हैं। उच्च आय वर्ग में 44.8 प्रतिशत, मध्यम आय वर्ग में 21.3 एवं निम्न आय वर्ग में 24.2 प्रतिशत उत्तरदाता तथा कुल उत्तरदाताओं में से 26.0 प्रतिशत उत्तरदाता ही आंशिक रूप से सन्तुष्ट हैं। जबकि उच्च आय वर्ग में 31.0 प्रतिशत, मध्यम आय वर्ग में 71.2 प्रतिशत और निम्न आय वर्ग में 75.8 प्रतिशत उत्तरदाता तथा कुल उत्तरदाताओं में से 67.5 प्रतिशत उत्तरदाता असन्तुष्ट हैं। अतः स्पष्ट होता है कि राज्य का निम्न आय वर्ग विकास के सरकारी कार्यक्रमों से असन्तुष्ट है। निम्न आय वर्ग विकास के सरकारी कार्यक्रमों से इसलिए असंतुष्ट है क्योंकि इन कार्यक्रमों से उसे कोई लाभ नहीं हुआ और न ही उसका विकास हुआ। अतः जब तक निम्न आय वर्ग का विकास नहीं होगा तब तक कैसे कहा जा सकता है कि राज्य में विकास हुआ है।

सारणी–6.5

विकास योजनाओं के प्रति उत्तरदाताओं के दृष्टिकोण का वर्गीकरण

उत्तरदाताओं का दृष्टिकोण	सरकार द्वारा संचालित विकास योजनाओं के बारे में जानकारी है।		विकास योजनाओं का लाभ जन–साधारण तक पहुँचाता है।	
	कुल	प्रति०	कुल	प्रति०
हाँ	39	19.5	29	14.5
नहीं	82	41.0	87	43.5
पता नहीं	79	39.5	84	42.0
कुल योग	200	100	200	100

सारणी से स्पष्ट होता है कि कुल उत्तरदाताओं में से केवल 19.5 प्रतिशत उत्तरदाताओं को ही सरकार द्वारा संचालित विकास योजनाओं के बारे में जानकारी है तथा 80.5 प्रतिशत उत्तरदाताओं को इनकी जानकारी नहीं है। साथ ही साथ कुल उत्तरदाताओं में से केवल 14. 5 उत्तरदाता ही इस बात से सहमत हैं कि इस योजनाओं का लाभ जन–साधारण तक पहुँच पाता है तथा 43.5 प्रतिशत उत्तरदाताओं का इस सम्बन्ध में दृष्टिकोण नकारात्मक है और 42.0 प्रतिशत उत्तरदाताओं को इस बारे में कोई जानकारी नहीं है। अतः कहा जा सकता है कि सरकार को ऐसी विकास योजनाएँ बनानी होगी जिनका लाभ जन–साधारण को मिल

सके तथा ऐसे कार्यक्रम भी आयोजित करने होंगे जिससे जन–साधारण को विकास योजनाओं के बारे में जानकारी हो सके।

सारणी–6.6

लोक कल्याण की नीतियों के प्रति उत्तरदाताओं के दृष्टिकोण का वर्गीकरण

उत्तरदाताओं का दृष्टिकोण	उत्तरदाताओं की संख्या	कुल योग	
		कुल	प्रति०
हाँ	43	43	21.5
नहीं	62	62	31.0
पता नहीं	95	95	47.5
कुल योग	200	200	100

सारणी से स्पष्ट होता है कि कुल उत्तरदाताओं में से 21.5 प्रतिशत उत्तरदाता ही वर्तमान लोक–कल्याण की नीतियों को उचित मानते हैं तथा 31.0 प्रतिशत उत्तरदाता इन नीतियों को उचित नहीं मानते हैं। जबकि 47.5 उत्तरदाताओं को इस सम्बन्ध में पता नहीं है। स्पष्ट होता है कि लोक–कल्याण की नीतियों से अधिकाँश उत्तरदाता से खुश दिखाई नहीं पड़ता। अतः सरकार को लोक–कल्याण की नीतियाँ बनाते समय जन सहभागीदारी सुनिश्चित करनी होगी, साथ ही साथ सरकार और जनता के बीच की खाई को भी पाटना होगा।

वर्तमान समय में तृतीय विश्व के देश विश्व के राजनीतिक मानचित्र में महत्त्वपूर्ण स्थान रखते हैं। ये सभी विकासशील देश हैं और इनमें विकास की प्रक्रिया एक चेतन प्रक्रिया के रूप में कार्य कर रही है। समयबद्ध विकास योजनाओं के माध्यम से ये देश अपनी जनसंख्या को निर्धनता, बेराजगारी, निरक्षरता और अज्ञानता जैसी अनेक समस्याओं से मुक्त कराने को प्रयत्नशील है।

भारत भी एक विकासशील देश है। इस देश के एक प्रखण्ड गढ़वाल मण्डल में भी निर्धनता, बेरोजगारी और निरक्षरता जैसी सामाजिक–आर्थिक समस्याएँ लम्बे समय से विद्यमान रही है, जिनसे ग्रस्त होने के कारण अधिकाँश गढ़वालवासी सभ्य एवं स्वच्छ जीवन साधनों तथा व्यक्तित्त्व के पूर्ण विकास के अवसरों से वंचित है। भारत के संविधान निर्माताओं ने भारत के लिए एक कल्याणकारी राज्य की कल्पना की थी। भारतीय संविधान के नीति

निर्देशक तत्त्वों में समाज के कमजोर, पिछड़े, शोषित, बालकों, स्त्रियों तथा श्रमिकों के लिए विशेष कदम उठाए जाने का प्रावधान किया गया है। अज्ञानता तथा अन्धविश्वास को समाप्त किए जाने के लिए सार्वजनिक शिक्षा की आवश्यकता पर बल दिया गया है। श्रमिकों की सुरक्षा के लिए बहुमुखी प्रयत्न किये जाने का सुझाव भी दिया गया है।

अतः स्पष्ट होता है कि गढ़वाल मण्डल में लोक-कल्याण के लिए सरकार ने जो कार्य किया अथवा कल्याणकारी योजनाएँ लागू की गई वे इस क्षेत्र के सामाजिक-आर्थिक तथा राजनीतिक विकास के लिए पर्याप्त नहीं थीं; क्योंकि सरकारी कार्यक्रमों को लेकर अब ग्रामीण जन-साधारण तटस्थ नहीं रहता अपितु वह समझता है कि इन कार्यक्रमों का प्रभाव उसके ऊपर पड़े बिना नहीं रहेगा। निर्धनता, बेरोजगारी, अशिक्षा जैसी अनेक समस्याओं से तस्त्र गढ़वाल मण्डल के जनमानस के विकास के लिए उत्तराखण्ड राज्य की सरकार की जनोपयोगी तथा लोक-कल्याणकारी योजनाएँ लागू करने में उपलब्धि अभी तक सन्तोषजनक नहीं रही है। लोक-कल्याण के अभाव में राजनीतिक विकास भी सम्भव नहीं है। अतः उत्तराखण्ड सरकार को सामाजिक सेवा और लोक-कल्याण के क्षेत्र में अभी बहुत कुछ करना होगा।

संदर्भ-सूची

1. चोपड़ा, सरोज, प्रशासनिक संस्थाएँ, राजस्थान हिन्दी ग्रन्थ अकादमी, जयपुर, 2002, पृष्ठ-31।
2. मदन, जी. आर., भारत में सामाजिक समस्याएँ, विवेक प्रकाशन, दिल्ली, 2000, पृष्ठ-480।
3. तदैव।
4. दाहमा, ओ. पी., ग्रामीण समाजशास्त्र, मध्य प्रदेश हिन्दी ग्रन्थ अकादमी, भोपाल, 1980, पृष्ठ-33।
5. आहूजा, राम, पॉलिटिकल इलीट्स एण्ड मार्डनाइजेशन, मिनाक्षी प्रकाशन, मेरठ, 1975, पृष्ठ-3।
6. शर्मा, हरिश्चन्द, प्रशासनिक संस्थाएँ, कालेज बुक डिपो, जयपुर, 1988, पृष्ठ-20-22।

7. देसाई, ए. आर, भारतीय ग्रामीण समाजशास्त्र, रावत पब्लिकेशन्स, जयपुर1999, पृष्ठ–225।
8. तदैव, पृष्ठ–226।
9. तदैव, पृष्ठ–228।
10. तदैव, पृष्ठ–229।
11. चॉकी, डान ए., पार्टिसिपेटरी डेमोक्रेसी इन एक्शन, विकास पब्लिशिंग हाऊस, गाजियाबाद, 1979, पृष्ठ–225।
12. फ्रैंक डब्लू एण्ड यंग रुथ सी., टूवर्ड्स द थ्योरी ऑफ कम्यूनिटी–डेवलपमेन्ट, कार्नेल यूनिवर्सिटी, इथाका, 1963, पृष्ठ–27।
13. एब्राहम, एम. फ्रांसिस, डाइनामिक्स ऑफ लीडरशिप इन विलेज ऑफ इन्डिया, इन्डियन इन्टरनेशनल पब्लिकेशन, इलाहाबाद, 1974, पृष्ठ–69–70।

अध्याय–सात

उत्तराखण्ड आन्दोलन तथा क्षेत्रीयतावाद : धारणायें एवं मूल्य

भारत की अखण्डता तथा राष्ट्रीय एकता के लिए सबसे बड़ा खतरा क्षेत्रीयतावाद की भावना से है। क्षेत्रीयतावाद की भावना के कारण ही भारत का विभाजन हुआ। स्वतन्त्रता प्राप्ति के पश्चात् देश में राष्ट्रवाद अत्यधिक प्रबल रहा और क्षेत्रीयतावाद की प्रवृत्तियाँ बहुत दबी–दबी थीं। इसका महत्त्वपूर्ण कारण था कि राष्ट्रीय आन्दोलन के फलस्वरूप देश की जनता का सम्पूर्ण ध्यान स्वतन्त्रता संग्राम की ओर लगा हुआ था। इसका अर्थ यह नहीं है कि उस समय क्षेत्रीय भावनाएँ नहीं थीं, किन्तु क्षेत्रीयतावाद व्यापक रूप में नही था। उस समय क्षेत्रीयतावाद चुनौती के रूप में उभरकर सामने नहीं आया था।

स्वतन्त्रता प्राप्ति के पश्चात् क्षेत्रीयतावाद को अत्यधिक बल मिला। इस सन्दर्भ में निम्नलिखित चरण महत्त्वपूर्ण रहे–प्रथम, देश में राजनीतिक एकीकरण विशेषकर देशी रियासतों का मिलना तथा देशी रियासतों को मिलाकर संघीय इकाईयों का निर्माण किया जाना जैसे–मध्यप्रदेश, राजस्थान इत्यादि। द्वितीय, 1956 में भाषा के आधार पर देश का पुर्नसंगठन किया जाना। एक ओर तो ये महत्त्वपूर्ण परिवर्तन हो रहे थे तथा दूसरी ओर लोकतंत्र का प्रयोग हो रहा था और राष्ट्र आर्थिक चुनौतियों का सामना कर रहा था। इसी समय क्षेत्रीयतावाद उभरकर भारत के राज्यों की राजनीति में प्रवेश कर गया।

समय–समय पर देश के विभिन्न भागों से पृथक्करण की आवाज़ उठती रहती है। क्षेत्रीयतावाद की भावना ने राष्ट्र की भावात्मक एवं राजनीतिक एकता की छवि धूमिल की है तथा समय–समय पर देश को तनाव एवं संघर्षों से जूझना पड़ा है। एक क्षेत्र की जनता ने दूसरे क्षेत्र की जनता के साथ इस प्रकार का व्यवहार किया है जैसा कि एक दुश्मन राष्ट्र के साथ किया जाता है। क्षेत्रीयतावाद की भावना ने राष्ट्रीयता की जड़ें खोखली तथा देश के सम्मुख अनेक आर्थिक एवं राजनीतिक संकट उत्पन्न कर दिये हैं। एक क्षेत्र के लोगों ने भाषा, आर्थिक विकास एवं संकीर्ण राजनीतिक हितों को ध्यान में रखकर आन्दोलन प्रारम्भ किये तथा क्षेत्रीयतावाद की भावना को राष्ट्रीय भावना से भी ऊँचा स्थान दिया।[1]

क्षेत्रीयतावाद का सम्बन्ध देश की राजनीति, समाज, अर्थ–व्यवस्था, शिक्षा, तकनीकी विकास इत्यादि से है। अतः क्षेत्रीयतावाद अपने आवरण में पूर्ण–संकल्पना है साथ ही क्षेत्रीयतावाद की

अभिव्यक्ति केवल मानव जीवन के भौतिक पक्ष में ही नहीं अपितु इसके मनोवैज्ञानिक पक्ष में भी होती है। क्षेत्रीयतावाद एक बहुमुखी भावना है जिसके विभिन्न पक्ष मनोवैज्ञानिक, भौगोलिक, सांस्कृतिक, राजनीतिक और आर्थिक क्षेत्रों से सम्बद्ध है और इन सभी पक्षों से मिलकर जो मानसिक स्थिति उत्पन्न होती है उसे क्षेत्रीयतावाद कहा जाता है। यह आवश्यक नहीं है कि क्षेत्रीयतावाद की प्रत्येक अभिव्यक्ति में इन सभी पक्षों का समान मात्रा में योगदान हो।

लुण्डबर्ग के मतानुसार, क्षेत्रीयतावाद उस अध्ययन से सम्बन्धित है जिसमें एक भौगोलिक क्षेत्र तथा मानव व्यवहार के बीच पाये जाने वाले सम्बन्ध पर बल दिया जाता है। इस रूप में क्षेत्रीयतावाद एक प्रकार का विशेष–परिस्थिति का विज्ञान है क्योंकि इसकी रुचि विभिन्न क्षेत्रों के बीच तथा एक ही क्षेत्र के विभिन्न अंगों के बीच पाये जाने वाले प्रकार्यात्मक सावयवी सम्बन्धों में हैं।[2] लुण्डबर्ग ने अपनी इस परिभाषा में क्षेत्रीयतावाद को एक विज्ञान के रूप में देखा है जो मानवीय व्यवहार एवं क्षेत्र के बीच पाये जाने वाले सम्बन्धों का अध्ययन करता है। प्रत्येक क्षेत्र की अपनी विशेषताएँ एवं चरित्र होता है जो वहाँ के निवासियों के व्यवहार से स्पष्ट झलकता है।

बोगार्डस का विश्वास है कि, भौगोलिक क्षेत्र के साधनों का विकास इस प्रकार से हो जाए कि वहाँ के लोगों में सामूहिक हितों, क्षेत्रीय लक्षणों एवं आदर्शों का विकास हो तो उसे क्षेत्रीयतावाद कहेंगें। उनका मत है कि क्षेत्रीयतावाद में एक सांस्कृतिक समग्रता होती है।[3] दूसरे शब्दों में, एक क्षेत्र में एक जैसी संस्कृति तथा उसका सांस्कृतिक इतिहास होता है, इसके निवासियों की भाषा–भावना, विचारों एवं व्यवहारों में समानता पायी जाती है। किन्तु,क्षेत्रीय संस्कृति राष्ट्रीय संस्कृति से ऊपर नहीं होती।

वर्तमान समय में क्षेत्रीयतावाद के वैज्ञानिक अर्थ के स्थान पर संकुचित अर्थ का प्रयोग किये जाने के कारण ही इसने राष्ट्रीय संकट को जन्म दिया है। संकुचित अर्थ में क्षेत्रीयतावाद का तात्पर्य क्षेत्र के निवासियों द्वारा अपने आप को दूसरे क्षेत्र के निवासियों से श्रेष्ठ समझना है तथा अपने आर्थिक, राजनीतिक, सामाजिक एवं सांस्कृतिक हितों को सर्वोच्च प्राथमिकता देना और अपनी भाषा को अन्य भाषाओं से श्रेष्ठ समझना है। दूसरे शब्दों में, क्षेत्रीयतावाद अन्य क्षेत्रों एवं सम्पूर्ण राष्ट्र की तुलना में अपने ही क्षेत्र को श्रेष्ठ मानने एवं सभी क्षेत्रों में उसे प्राथमिकता देने की पक्षपातपूर्ण भावना के रूप में है।

क्षेत्रीयतावाद की अभिव्यक्ति :–

1. अधिराज्य–क्षेत्रीयतावाद :– अधि–राज्य क्षेत्रीयतावाद वह स्थिति है जिसमें कई राज्य

एक साथ मिले हुए दिखाई देते हैं। इस प्रकार यह क्षेत्रीयतावाद एक राज्य की सीमा को छोड़कर कई राज्यों की सीमाओं को छूता है। अतः इसे अधिराज्य–क्षेत्रीयतावाद कहते हैं। इसका सबसे अच्छा उदाहरण उत्तर व दक्षिण भारत के बीच जो भाषाई तनाव है उसमें मिलता है, दक्षिण भारत के राज्य जो अंग्रेजी भाषा चाहते है, एक श्रेणी में तथा उत्तरी भारत के राज्य जो हिन्दी भाषा–भाषी हैं, दूसरी श्रेणी में अभिव्यक्त होते हैं।

2. अन्तरराज्य–क्षेत्रीयतावाद :– राज्यों के बीच क्षेत्रीयतावाद की इकाई राज्य होती हैं। यह राज्य अन्य किसी राज्य से प्रतिस्पर्धा करता हुआ तनाव एवं वैमनस्य की स्थिति में दिखाई देता है। चाहे यह तनाव सीमा के प्रश्न पर हो जैसे– महाराष्ट्र–मैसूर सीमा विवाद, चाहे पानी के तनाव के रूप में हो जैसे– भाखरा का पानी, कावेरी जल विवाद या फिर चाहे स्टील प्लांट किस राज्य में स्थापित किया जाये इस विषय में विवाद हों और फिर चाहे यह (विवाद) आर्थिक–सुविधाओं के लिए प्रतिस्पर्धा की स्थिति में हो। जो वस्तु किसी राज्य को प्राप्त है उसे वह आसानी से दूसरे राज्यों से बाँटना नहीं चाहता जैसे– उत्तर प्रदेश में गेंहूँ व आंध्र में चावल अधिक मात्रा में पैदा होता है तो ये राज्य मजबूरीवश ही इन्हें दूसरे राज्यों को भेजना पसन्द करते हैं।

3. अन्तःराज्य–क्षेत्रीयतावाद :– अधिकाँश राज्य भारत में काफी बड़े हैं और उनका संगठन या तो 1948 व 1950 के बीच हुआ या वे 1956 में पुर्नगठित हुए। इस प्रकार से कई राज्यों से मिलकर चाहे वे देशी रियासतें हों या पुराने प्रान्तों से मिलकर आधुनिक राज्य बने हों। भाषा के आधार पर तथा राजनीतिक एकीकरण होने के पश्चात् भी इन आधुनिक राज्यों का अभी तक एक संगठित व्यक्तित्व उभर नहीं पाया है जैसे– तेलंगाना आन्ध्र में, विदर्भ महाराष्ट्र में, पूर्वी राजस्थान क्षेत्र राजस्थान में एवं सौराष्ट्र गुजरात में अपना अलग व्यक्तित्व बनाये हुए हैं तथा यदा–कदा इन क्षेत्र–विशेष के निवासियों द्वारा आन्दोलन किये जाते रहे हैं। यह प्रवृत्ति इसलिए भी बढ़ती है कि एक राज्य के सम्पूर्ण भागों का सन्तुलित विकास नहीं हो पाता। जिस भाग में मुख्यमंत्री या अन्य प्रभावशाली मंत्री होते हैं उसका विकास अधिक हो जाता है जैसे– राजस्थान में उदयपुर एवं जोधपुर। कभी–कभी राजनीतिक गुटबन्दी के कारण विकास के लिए पक्षपात भी किया जाता है। उस भाग के विकास के लिए वे कभी–कभी क्षेत्रीय आधार पर आन्दोलन चलाते हैं जैसे शिवसेना ने महाराष्ट्र–महाराष्ट्रियों के लिए' तथा लक्षति सेना ने आसाम–आसामियों के लिए का नारा लगाकर आन्दोलन किए। इस अन्तःराज्य–क्षेत्रीयतावाद के पीछे भी अधिक राजनीतिक शक्ति की आकाँक्षा तथा

अत्यधिक आर्थिक विकास की भावना पाई जाती है।

गढ़वाल मण्डल तथा क्षेत्रीयतावाद :–

गढ़वाल मण्डल सामाजिक, सांस्कृतिक, भौगोलिक और आर्थिक–प्रबंधन की दृष्टि से भिन्न है। इससे कोई इंकार नहीं कर सकता कि यह एक अत्यन्त पिछड़ा हुआ तथा अविकसित क्षेत्र है। स्वतन्त्रता प्राप्ति के लगभग तिहत्तर वर्षों के पश्चात् भी यहाँ की तीन–चौथाई से अधिक स्थानीय आबादी गरीबी रेखा के नीचे जीवन यापन करने को बाध्य है।

इस पूरे क्षेत्र की अर्थव्यवस्था मनीऑर्डर पर आधारित है। जो पर्वतीय लोग मैदानी क्षेत्रों में अथवा सेना में जाकर नौकरी कर रहे हैं, उनके द्वारा भेजे मनीआर्डर से यहाँ के अधिकाँश घरों का चूल्हा जलता है। यहाँ के लागों का मुख्य व्यवसाय कृषि माना जाता है लेकिन भूमि कृषि योग्य नहीं है। जमीन सीढ़ीनुमा और असमतल तथा अधिकाँश खेती असिंचित है। इस क्षेत्र की फसल पूर्णरूपेण मानसून पर निर्भर है।

देश के विकास के लिए पंचवर्षीय योजनाएँ बनाने वाले योजना आयोग की विशेषज्ञ समिति ने 1994 में अपनी जो रिपोर्ट सरकार को दी थी, उसके अनुसार इस कृषि–विरल इलाके में युवा बेरोजगारी प्रमुख समस्या बन चुकी है। पहले भी क्षेत्र के घर–घर से युवक रोजी–रोटी की तलाश में मैदानों की ओर पलायन करते रहे हैं और आज क्षेत्र के कई गाँवों में यह हालत है कि नब्बे प्रतिशत आबादी बूढ़ों–बच्चों और स्त्रियों की रह गई है। स्त्रियाँ चूँकि ऐसे विखंडित समाज में घर की एकमात्र सशक्त सदस्या बची रहती है, अतः खेतीबाड़ी, पशुओं की देखभाल से लेकर बच्चों–बूढ़ों सहित पूरे परिवार की परवरिश पुरुषों की अनुपस्थिति में उन पर ही होती है।

इस क्षेत्र में बेरोजगारी की बहुत बड़ी समस्या है, जिसकी वजह से लोगों को यहाँ से पलायन करना पड़ता है। पलायन की गंभीरता का अंदाजा इस बात से लगाया जा सकता है कि यहाँ की आधी आबादी प्रवासी है। इस क्षेत्र में उद्योग–धंधे नाम–मात्र को हैं। गढ़वाल मण्डल के छः जनपदों में देहरादून को छोड़कर शेष पाँच जनपद उद्योग–शून्य जनपदों की श्रेणी में आते हैं। उत्तर प्रदेश सरकार कहती थी कि इस क्षेत्र में स्कूलों की संख्या प्रदेश के अन्य हिस्सों के मुकाबले अधिक हैं। पर्वतीय क्षेत्र में अंग्रेजों के जमाने में भी शिक्षा का प्रचार–प्रसार हुआ था। जहाँ मैदानी लोगों के लिए पब्लिक स्कूल खुले, वहीं पर्वतीय लोगों के लिए कुछ सरकारी स्कूलों की व्यवस्था की गई है, दूरी के लिहाज से देखें तो अब भी यहाँ के छात्र सबसे अधिक दूरी तय करके स्कूल पहुँचते हैं। पर्वतीय क्षेत्र में 42.29 प्रतिशत लड़के 5

किमी0 से अधिक दूरी तय कर स्कूल पहुँचते हैं, जबकि इतनी दूरी तय करके स्कूल पहुँचने वाली लड़कियों की संख्या 89.14 प्रतिशत हैं।[4]

जिस क्षेत्र की नदियों से कई प्रदेशों की पेयजल व्यवस्था होती है वही क्षेत्र प्यासा है। गढ़वाल मण्डल में ऐसे अनेकों गाँव हैं जहाँ पेयजल उपलब्ध ही नहीं हैं। उत्तर प्रदेश सरकार की यह दलील कि पर्वतीय क्षेत्रों में अन्य क्षेत्रों के मुकाबले सड़कों की लम्बाई चार गुनी अधिक है जबकि तथ्य यह है कि मसूरी, जोशीमठ, चमोली, उत्तरकाशी इत्यादि पहुँचने के लिए भौगोलिक स्थिति के कारण अधिक लम्बी सड़कों का निर्माण करना आवश्यक है। साथ ही इस पर अन्य क्षेत्रों की तुलना में लागत भी अधिक आती है, इसलिए अन्य क्षेत्रों से इसकी तुलना करना बेमानी है। विकास के नाम पर जो लूटमार इस क्षेत्र में की गई वह शर्मनाक है। अफसरों व ठेकेदारों के गठजोड़ ने स्थिति को बदतर कर दिया है। नशाबंदी के लिए इस क्षेत्र में चले जनांदोलनों के बावजूद भी शराब की बिक्री यहाँ खोल दी गई है। शराब और जंगल माफिया की गिरफ्त में पूरा क्षेत्र आ गया है। वनों की इतनी कटाई हुई कि पर्यावरण संतुलन का खतरा उत्पन्न हो गया है। आजादी के समय इस क्षेत्र की 70 प्रतिशत भूमि पर वन थे, वे अब केवल 17 प्रतिशत ही रह गए हैं। दूसरी ओर वन अधिनियम के नाम पर पर्वतीय क्षेत्र की महिलाएँ जंगलों से जानवरों के चारे और ईंधन के लिए लकड़ीं नहीं ले जा सकतीं। अवैज्ञानिक खनन और भारी विस्फोटों के माध्यम से बन रही सड़कों ने पूरे पहाड़ को हिलाकर रख दिया है।

आँकड़ों की बाजीगरी छोड़कर वास्तविक तथ्यों पर गौर करें, तो पता चलता है कि बिजली की व्यवस्था गाँवों में तो है लेकिन महीनों वहाँ बिजली नहीं पहुँचती। अस्पतालों से डॉक्टर एवं दवाईयाँ और अनेकों स्कूलों से अध्यापक नदारद रहते हैं। गढ़वाल में सैकड़ों ऐसे गाँव हैं जहाँ अभी तक विकास की कोई किरण नहीं पहुँच पाई है।

विकास एक सार्वभौम सत्य है। पर्यावरण भी हमेशा एक जैसा नहीं बना रह सकता क्योंकि सभ्यता का विकास पर्यावरण के विकास क्रम से ही तो अनिवार्यतः जुड़ा हुआ है,[5] लेकिन प्रत्येक देश में विकास की गति सामाजिक, सांस्कृतिक, राजनीतिक तथा आर्थिक विकास से जुड़ी है। गढ़वाल मण्डल में जो असंतोष और तीखे तनाव समय–समय पर सिर उठाते रहे, उसका प्रमुख पक्ष यह था कि आजादी के बाद इस क्षेत्र का दोहन तो खूब हुआ, लेकिन क्षेत्रीय विकास की सम्भावनाओं को दफना दिया गया। ऊपर से बाहरी लोग लगातार यहाँ आकर बसते रहे और यहाँ के निवासियों का भू–स्वामित्व तथा इलाकाई वर्चस्व घटाते चले गए। अतः

क्षेत्रीय विकास न होने के कारण गढ़वाल के जन-मानस में क्षेत्रीयतावाद की भावना बलवति हुई।

क्षेत्रीयतावाद तथा राजनीतिक विकास :– अनेक अध्ययनों से यह सिद्ध करने का प्रयास किया गया है कि क्षेत्रीयतावाद की भावनाएँ राजनीतिक विकास की गति को अवरुद्ध करती हैं। अध्ययनकर्त्ताओं ने यह निष्कर्ष निकाले हैं कि राजनीतिक विकास का एक प्रमुख उद्देश्य विशेषतः एशिया एवं अफ्रीका के नवोदित राज्यों में राष्ट्र-निर्माण तथा राष्ट्रीय एकीकरण की भावनाओं में अभिवृद्धि करना भी है, जबकि क्षेत्रीयतावाद इन देशों में राष्ट्रीय एकता एवं राष्ट्र-निर्माण की प्रक्रिया में एक बड़ी बाधा बनता रहा परन्तु पी. सी. जोशी[6] ने यह विचार व्यक्त किया कि यह आवश्यक नहीं कि क्षेत्रीयतावाद की भावनाएँ राजनीतिक विकास की प्रक्रिया को अवरुद्ध ही करें। उन्होंने क्षेत्रीयतावाद को उत्तराखण्ड आन्दोलन से जोड़कर कहा कि उत्तराखण्ड में क्षेत्रीयतावाद ने जनता को अपने प्रजातांत्रिक अधिकारों के प्रति जागरुक होने, उनकी राजनीतिक एवं सामाजिक सहभागिता में अभिवृद्धि करने तथा अपनी क्षेत्रीय समस्याओं को राष्ट्रीय परिप्रेक्ष्य में देखने की दृष्टि प्रदान की है। इस प्रकार क्षेत्रीयतावाद ने उत्तराखण्ड में सामाजिक, आर्थिक एवं राजनीतिक विकास की एक ऐसी धारा प्रवाहित की कि यह क्षेत्र सामाजिक, आर्थिक एवं राजनीतिक विकास आन्दोलनकर्त्ताओं का एक प्रमुख उद्देश्य बन गया। यदि इस दृष्टिकोण से देखा जाए तो क्षेत्रीयतावाद ने यहाँ सामाजिक रूढ़ियों को तोड़ने और जन-आन्दोलनों में भागीदारी सुनिश्चित करने के लिए जनसाधारण को प्रोत्साहित किया।

यदि हटिंग्टन, ल्यूशन पाई तथा अन्य विद्वानों की राजनीतिक विकास की संकल्पना के सन्दर्भ में इसे देखा जाए और जन-सहभागिता, राजनीतिक चेतना, हित-प्रकटीकरण एवं सहभागी राजनीतिक संस्कृति के विकास को राजनीतिक विकास के चरों के रूप में स्वीकार किया जाए तो निश्चय ही उत्तराखण्ड आन्दोलन के दौरान क्षेत्रीयतावाद ने उत्तराखण्ड में राजनीतिक विकास की भावनाओं को गति प्रदान की है।

उत्तराखण्ड आन्दोलन :– प्राकृतिक सौन्दर्य से भरपूर उत्तराखण्ड की विशिष्ट भू-आकृति, सांस्कृतिक पहचान, भाषा और रहन-सहन के कारण भारत के शेष भू-भाग से इसकी अपनी अलग पहचान रही है। लेकिन स्वाधीनता पूर्व से ही भौगोलिक भिन्नता युक्त इस क्षेत्र के अनियन्त्रित दोहन की जो शुरुआत अंग्रेजों ने की थी वह आजादी के बाद भी बदस्तूर जारी रही। सरकार द्वारा उत्तर-पूर्वी हिमालयी क्षेत्रों की भाँति उत्तराखण्ड के विकास

को अपेक्षित महत्त्व न दिये जाने के कारण स्थानीय जन प्रतिनिधियों को मजबूरन पृथक् नियोजन तथा बद्रीदत्त पाण्डे सरीखे नेताओं को अलग प्रशासनिक इकाई की माँग करनी पड़ी, किन्तु सरकार ने इस पर कोई ध्यान नही दिया।

पर्वतीय क्षेत्र के लिए अलग नीति व नियोजन न होने के कारण मध्य हिमालय में उपलब्ध अपार वन–सम्पदा के बेरोक–टोक दोहन ने जहाँ पर्यावरणीय असन्तुलन उत्पन्न कर दिया वहीं खनन माफियाओं ने डाइनामाइट के धमाकों से पहाड़ हिला दिए। स्थानीय जनता ईंधन और मकान बनाने की लकड़ी के लिए तरसती रही, निर्माण कार्यों के लिए उसे पत्थर तक नसीब नहीं हुए लेकिन सरकारी अधिकारियों व माफियाओं की मिली भगत से व्यापक पैमाने पर कच्चे माल का दोहन कर मैदानी भागों को भेजा जाता रहा। खड़िया, मैग्नेसाइड, चूना, ताँबा इत्यादि खनिज निकालने के लिए की गई खुदाई से पहाड़ खोखले होते गये, इमारती लकड़ी के लिए हरे–भरे जंगलों का सफाया कर दिया गया। लेकिन इनसे सम्बन्धित किसी भी उद्योग का स्थानीयकरण नहीं किया गया। जिस कारण हजारों की संख्या में बेरोजगार, रोजगार की तलाश में प्रतिवर्ष पहाड़ छोड़कर महानगरों की ओर पलायन करते गये। पहाड़ के विकास के लिए योजनाएँ भी बनी लेकिन वह सरकारी घोषणाओं व कागजों तक अधिक सीमित रहीं, जो योजनाएँ यहाँ अपने अस्तित्त्व में आई उनमें सिर्फ 1/4 प्रतिशत धनराशि ही वास्तविक रूप से खर्च हुई, शेष राशि अधिकारियों और ठेकेदारों में ही बंटती गई। परिणामस्वरूप वास्तविक धरातल पर नाममात्र के कार्य निष्पादित हुए।

जन–सुविधाओं के नाम पर अनेक योजनाएँ आई और चली गई किन्तु उसका लाभ उन जरूरतमंदों को नहीं मिल पाया जिनको वास्तव में उसकी आवश्यकता थी। लोगों को बेहतर चिकित्सा सुविधाएँ प्रदान करने के नाम पर अस्पताल बने पर उनमें डाक्टर व दवाएँ नहीं पहुँची, स्कूल खुले उनमें भी अध्यापकों की नियुक्तियाँ नहीं हुई; नल लगे तो उनमें भी पानी देखने को लोग तरसते रहे। पहाड़ में व्यवस्थाओं का यह आलम था कि जब कोई व्यक्ति शिकायत लेकर अधिकारियों के कार्यालयों में जाता था तो उसे अधिकारी नदारद मिलते थे। जो भी अधिकारी सरकार ने उत्तराखण्ड में भेजे वे या तो सैलानियों की तरह यहाँ सैर–सपाटा करने आये या स्वयं को सजा के तौर पर भेजा गया मानकर क्षेत्र के विकास की अपेक्षा अपने व्यक्तिगत हितों को अधिक प्रमुखता देते रहे।

उत्तराखण्ड की जनता ने भारत की स्वाधीनता के साथ राजनीतिक स्वतन्त्रता तो प्राप्त कर ली थी, लेकिन स्वाधीनता के तिरेपन वर्षों (9 नवम्बर, 2000 तक) के पश्चात् भी पर्वतीय

क्षेत्र आर्थिक गुलामी की बेड़ियों में जकड़ा रहा। स्वतन्त्रता के इन तिरेपन वर्षों में 1962 के भारत–चीन युद्ध के बाद सीमान्त और सामरिक महत्त्व का क्षेत्र होने के कारण पर्वतीय क्षेत्र में सड़कों का जाल बिछने से इस क्षेत्र का अपेक्षाकृत विकास तो हुआ; लेकिन आम जनता का जीवन स्तर ऊँचा उठाने के प्रयास सरकार की दोषपूर्ण नीति का शिकार होकर रह गये। आर्थिक पिछड़ेपन और गरीबी के कारण कई गाँवों की स्थिति इतनी खराब हो गई थी कि वहाँ रोजगार की तलाश में हुए पलायन से किसी की मृत्यु हो जाने पर मुर्दा उठाने तक के लिए आदमी नहीं बचे, क्षेत्र के मात्र एक विश्वविद्यालय से उच्च शिक्षा प्राप्त करने के पश्चात् युवकों को रोजगार की तलाश में दूसरे क्षेत्रों में जाने को विवश होना पड़ता था। विकास के नाम पर छोटी जल–विद्युत परियोजनाओं के स्थान पर टिहरी बाँध जैसे विशालकाय बाँधों व राजाजी राष्ट्रीय पशु–विहार जैसे अभ्यारण्य स्थापित कर पहाड़ की जनता को जबरन विस्थापित होने के लिए बाध्य किया गया। पर्वतीय क्षेत्र के औसतन प्रत्येक परिवार से देश की सुरक्षा के लिए अपनी जान हथेली पर लेकर सीमाओं पर डटे जवानों के बीवी–बच्चे अपने स्वास्थ्य, शिक्षा इत्यादि मूलभूत सुविधाओं से वंचित रहे।

जब अवैज्ञानिक और अनियमित नियोजन के कारण पहाड़ की हरियाली उजड़ती रही, पहाड़ वनस्पति विहीन कर दिये गये, जल स्रोत सूखते गये, युवा शक्ति बूढ़ों को छोड़कर रोजगार की तलाश में मैदानों की ओर पलायन करती रही, तो आखिर एक समय ऐसा आया जब विभिन्न क्षेत्रीय समस्याओं से घिरे लोगों ने पृथक् राज्य का नारा बुलन्द कर उत्तराखण्ड में जन–आन्दोलनों की शुरुआत कर दी।

उपेक्षा एवं समस्याओं से त्रस्त पहाड़ के लोगों ने अपनी अलग राजनीतिक व सांस्कृतिक पहचान को मान्यता दिलाने के लिए पहाड़ के लोगों में संघर्ष की सुगबुगाहट बहुत पहले शुरू हो गई थी, लेकिन तब उनकी अभिव्यक्ति में उग्रता व तेवरों में तीखापन नहीं था।[7] इस आन्दोलन ने पहाड़ के स्वाभिमान को जिन्दा किया है। लोगों में त्याग एवं कुर्बानी की अंतहीन भावना कूट–कूट कर भर दी है। कभी पहाड़ी शब्द का प्रयोग कुछ लोग उत्तराखण्ड के लोगों को चिढ़ाने के लिए किया करते थे, किन्तु उत्तराखण्ड आन्दोलन के दौरान इस क्षेत्र के लोगों ने पहाड़ी व 'उत्तराखण्डी' कहलाने में गर्व महसूस किया। आन्दोलन के दौरान क्षेत्र में जगह–जगह इस तरह के बैनर, पोस्टर, बिल्ले एवं स्टीकर लगे देखे जा सकते थे। उत्तरकाशी जनपद में चौरंगीखाल गाँव में करीब दस दुकानें तथा चौरंगी देवता का मंदिर है। वहाँ एक स्थानीय नगरीय ने बताया कि आसपास के ग्रामीण रोजाना चौरंगी देवता के प्रतीक

व चित्र साथ लेकर गाँवों में घूमते थे और निवर्तमान प्रदेश सरकार (उत्तर प्रदेश) की बर्खास्तगीएं व पृथक् राज्य निर्माण की प्रार्थना भगवान से किया करते थे। उत्तरकाशी जिले की रवाई घाटी में बसे गाँवों के लोग रोजाना गाँववार एक स्थान पर बैठकर आन्दोलन के बारे में चर्चा किया करते थे और फिर अगले दिन के कार्यक्रम के बारे में रणनीति बनाते थे। यहाँ प्रतिदिन गाँव–गाँव से जुलूस निकलते थे। अनुसूचित जाति/जनजाति के लोगों ने भी उत्साह से जुलूस व प्रदर्शनों में भाग लिया था। यहाँ जातीय विभेद जैसी कोई बात नहीं रही थी।[8]

उत्तराखण्ड आन्दोलन के दौरान यदि आन्दोलनकारियों ने कुछ खोया तो पाया भी बहुत कुछ। धैर्य, संयम व आत्म–अनुशासन की कोई दूसरी मिसाल कहीं नज़र नहीं आती। इस अर्थ में इस आन्दोलन की दुनिया के बाकी आन्दोलनों से तुलना भी की जा सकती है। दर्जनों कुर्बानी देने के पश्चात् भी उत्तराखण्ड के लोग विचलित नहीं हुए। उत्तर–प्रदेश सरकार की आन्दोलन को हिंसक बनाने की तमाम कोशिशों के बावजूद भी आन्दोलन अहिंसक बना रहा तो यह भी एक बड़ी उपलब्धि रही। इस आन्दोलन की एक और उपलब्धि रही कि पहाड़ में शराब पर बहुत ज्यादा नहीं तो कुछ हद तक नियंत्रण लगा ही है। पहाड़ी अर्थव्यवस्था को कमजोर करने में शराब की बहुत बड़ी भूमिका रही है। आन्दोलन के दौरान शराब की बढ़ती प्रवृत्ति एवं इससे होने वाला नुकसान भी बहस का मुख्य विषय बना रहा। फलस्वरूप इस बहस के सकारात्मक परिणाम सामने आए। इस अवधि में आन्दोलनकारियों ने जगह–जगह शराब की भट्टियों पर धावा बोला तथा शराब की कई दुकानें भी नष्ट कर दी गईं। उत्तराखण्ड आन्दोलन के दौरान कई विकास खण्डों में घर–घर बनने और बिकने वाली शराब पर प्रभावी ढंग से अंकुश लगा था। लोग शराब जनित दुष्प्रभावों को समझने लगे थे तथा आन्दोलन के सूत्रधार संगठनों की, शराब एवं शराब माफियाओं का सामाजिक बहिष्कार की घोषणा भी रंग लाई थी। उत्तराखण्ड की लड़ाई अपने चारों ओर के कठिन पर्यावरण के विरुद्ध रही। उसे कभी भी किसी सामंत, जमींदार, महाजन एवं शोषणकारी सामाजिक व्यवस्था के विरुद्ध कानून तोड़कर विद्रोह करने की जरूरत नहीं पड़ी। राजाओं के युग में भी यदि जनता का शोषण हुआ तो जनता ढंढक में उठ खड़ी होती थी। ढंढक अत्याचार और शोषण के विरुद्ध परम्परा द्वारा अनुमोदित तथा समाज द्वारा सम्मानित तरीका था। ढंढक होने पर स्वयं राजा जनता के पास जाकर उसकी फरियाद सुनता था और जनता के कष्टों का निवारण करता था। नाराज होकर सड़कों पर उतरना पहाड़ी संस्कृति का अंग रहा है।

व्यवस्था से न दबना, निर्भीकता, मजबूती और संघर्ष करना पहाड़ की जनता की लोक-संस्कृति रही है। उत्तराखण्ड आंदोलन परम्परागत ढंग का आधुनिक संस्करण रहा है।[9]

निष्कर्षतः आर्थिक विकास न होने के कारण उत्तराखण्ड आन्दोलन का प्रारम्भ तथा क्षेत्रीयतावाद की भावना का जन्म हुआ था। असहनीय कष्ट, अपमानजनक पीड़ाएँ, लम्बे संघर्ष, दर्जनों बलिदान और लम्बी प्रतीक्षा के पश्चात् अन्ततः 9 नवम्बर, 2000 को पहाड़ की जनता के उत्तराखण्ड राज्य का सपना साकार हो गया। लेकिन इतना सब कुछ खोने के पश्चात् उत्तराखण्डवासियों को इस बात का गर्व तो है ही कि उनके अपनों की कुर्बानी व्यर्थ नहीं गई।

<u>सारणी-7.1</u>
उत्तराखण्ड के विकास के लिए राष्ट्रीय नीतियों पर विश्वास के प्रति उत्तरदाताओं के दृष्टिकोण का वर्गीकरण

उत्तराखण्ड के विकास के लिए राष्ट्रीय नीतियों पर विश्वास करते हैं।	उत्तरदाताओं की संख्या	कुल योग	
		कुल	प्रति०
हाँ	38	38	19.0
नहीं	117	117	58.5
पता नहीं	45	45	22.5
कुल योग	200	200	100

सारणी से स्पष्ट होता है कि कुल उत्तरदाताओं में से केवल 19.0 प्रतिशत उत्तरदाता ही उत्तराखण्ड में विकास के लिए राष्ट्रीय नीतियों पर तथा 58.5 प्रतिशत उत्तरदाता क्षेत्रीय नीतियों पर विश्वास रखते हैं जबकि 22.5 प्रतिशत उत्तरदाता इस दृष्टिकोण के सम्बन्ध में उदासीन हैं। अतः स्पष्ट होता है कि उत्तराखण्ड में विकास की गति धीमी होने के कारण यह भावना बलवति हुई।

<u>सारणी-7.2</u>
उत्तराखण्ड की जल-विद्युत परियोजनाओं के लाभ के प्रति उत्तरदाताओं के दृष्टिकोण का वर्गीकरण

जल-विद्युत परियोजनाओं का लाभ केवल उत्तराखण्ड को ही मिलना चाहिए	उत्तरदाताओं की संख्या	कुल योग	
		कुल	प्रति०
हाँ	91	91	45.5
नहीं	73	73	36.5
पता नहीं	36	36	18.0
कुल योग	200	200	100

सारणी से स्पष्ट होता है कि कुल उत्तरदाताओं में से 45.5 प्रतिशत उत्तरदाता ही जल-विद्युत परियोजनाओं के लाभ को उत्तराखण्ड तक ही सीमित रखना चाहते हैं तथा 36.5 प्रतिशत उत्तरदाताओं का दृष्टिकोण इस सन्दर्भ में नकारात्मक है। जबकि 18.0 प्रतिशत उत्तरदाताओं को इस सम्बन्ध में पता नहीं है। अतः स्पष्ट होता है कि उत्तरदाताओं का एक बड़ा वर्ग क्षेत्रीयतावाद की भावना से ग्रस्त है।

<u>सारणी–7.3</u>

उत्तराखण्ड में विकास के स्तर के प्रति उत्तरदाताओं के दृष्टिकोण का वर्गीकरण

किस स्तर का विकास चाहते हैं	उत्तरदाताओं की संख्या	कुल योग	
		कुल	प्रति०
क्षेत्रीय स्तर	179	179	89.5
राष्ट्रीय स्तर	21	21	10.5
कुल योग	200	200	100

सारणी से स्पष्ट होता है कि कुल उत्तरदाताओं में से 89.5 प्रतिशत उत्तरदाता क्षेत्रीय विकास चाहते हैं जबकि केवल 10.5 प्रतिशत उत्तरदाता राष्ट्रीय विकास चाहते हैं। अतः स्पष्ट है कि उत्तराखण्ड में क्षेत्रीय विकास नहीं हुआ है।

<u>सारणी–7.4</u>

राजनीतिक दलों को वोट देने के प्रति उत्तरदाताओं के दृष्टिकोण का वर्गीकरण

उत्तराखण्ड के विकास के लिए किस दल को वोट देंगे	उत्तरदाताओं की संख्या	कुल योग	
		कुल	प्रति०
क्षेत्रीय दल	17	17	8.5
राष्ट्रीय दल	78	78	39.0
किसी को भी नहीं	105	105	52.5
कुल योग	200	200	100

सारणी से स्पष्ट होता है कि कुल उत्तरदाताओं में से 8.5 प्रतिशत उत्तरदाता क्षेत्रीय दल को, 39.0 प्रतिशत उत्तरदाता राष्ट्रीय दल को तथा 52.5 प्रतिशत उत्तरदाता किसी को भी वोट नहीं देना चाहते। मतदान के प्रति उत्तरदाताओं की यह उदासीनता राजनीति में व्याप्त सत्ता लोलुपता स्वार्थ की भावना, भ्रष्टाचार इत्यादि कारकों के चलते उत्पन्न हुई है।

<u>सारणी–7.5</u>

उत्तराखण्ड में सरकारी नौकरियों में आरक्षण के प्रति उत्तरदाताओं के दृष्टिकोण का वर्गीकरण

सरकारी नौकरियों में आरक्षण होना चाहिए	उत्तरदाताओं की संख्या	कुल योग	
		कुल	प्रति०
उत्तराखण्डवासियों का	177	177	88.5
भारतवासियों का	23	23	11.5
कुल योग	200	200	100

सारणी से स्पष्ट होता है कि कुल उत्तरदाताओं में से 88.5 प्रतिशत उत्तरदाता उत्तराखण्ड में सरकारी नौकरियों में यहीं के निवासियों का आरक्षण चाहते हैं, जबकि 11.5 प्रतिशत उत्तरदाता समस्त भारतवासियों का आरक्षण चाहते हैं। अतः कहा जा सकता है कि उत्तराखण्ड में रोजगार के अवसर कम होने के कारण इस दृष्टिकोण का प्रसूत हुआ।

स्वतन्त्रता प्राप्ति के पश्चात् भारत के अनेक खण्डों और भागों में अनेक प्रकार की संकीर्णताएँ बढ़ती गई हैं, उनमें से एक संकीर्णता क्षेत्रीयतावाद भी रही है। क्षेत्रीयतावाद की संकीर्णता ने वर्तमान समय में एक गम्भीर समस्या का रूप धारण कर लिया है। देश के विभिन्न

क्षेत्रों द्वारा आज इस बात की मांग की जा रही है कि उनको एक अलग और स्वाधीन राज्य का दर्जा प्रदान किया जाए। इस प्रकार क्षेत्रीयतावादी संकीर्णता अपने चरम बिन्दु पर पहुँच गई है। वास्तव में, क्षेत्रीयतावाद राजनीतिक केन्द्रीकरण के प्रति एक प्रतिउत्तर के रूप में सामने आया है।

    भारत में सभी क्षेत्रों की सामाजिक, आर्थिक तथा सांस्कृतिक स्थिति समान नहीं है। प्रत्येक क्षेत्र की अपनी अलग–अलग सांस्कृतिक विरासत और आर्थिक स्थिति है। भारत में जो जनतांत्रिक आयोजन अपनाया गया है उसका लक्ष्य सभी क्षेत्रों के साथ न्याय करके और उनकी आवश्यकताओं तथा माँगों को योजना में उचित स्थान देकर देश में विद्यमान सांस्कृतिक, भाषाई, जीवनशैली सम्बन्धी तथा क्षेत्रीय विभिन्नता को प्रोत्साहन देना भी है। जनतांत्रिक आयोजन का प्रमुख लक्ष्य एकरूपता में समेकता की स्थापना ही नहीं वरन् विविधता में समेकता को स्थापित रखना तथा प्रोत्साहन देना है, किन्तु जनतांत्रिक आयोजन अपने लक्ष्य की पूर्ति कर पाने में असफल रहा है; जिसके परिणामस्वरूप झारखण्ड, छत्तीसगढ़, बोडोलैण्ड इत्यादि आन्दोलनों का प्रसूत हुआ। उत्तराखण्ड आन्दोलन भी इसी का परिणाम कहा जा सकता है क्योंकि उत्तराखण्ड की भौगोलिक, ऐतिहासिक, राजनीतिक, सांस्कृतिक, आर्थिक तथा सामाजिक स्थिति भारत के अन्य भागों से भिन्न है। किन्तु उत्तराखण्ड आन्दोलन का जन्म मुख्य रूप से क्षेत्रीय विकास तथा जनाकाँक्षाओं की पूर्ति न हो पाने के कारण हुआ, लेकिन उत्तराखण्ड में चन्द राजनेताओं ने अपने व्यक्तिगत स्वार्थ एवं सत्तालोलुपता के कारण उत्तराखण्ड की मासूम जनता को क्षेत्रीय विकास, रोजगार तथा संस्कृति के नाम पर गुमराह किया। जिससे उत्साहित होकर उत्तराखण्ड की अधिकाँश जनता ने आन्दोलन में भाग लिया। अतः उत्तराखण्ड में क्षेत्रीय विकास, विकास की विविध रेखाओं और विभिन्न क्षेत्रों विशेषकर ग्रामीण क्षेत्रों के विशेष हितों तथा आवश्यकताओं के आधार पर किया जाना चाहिए; क्योंकि जब तक क्षेत्रीय विकास नहीं होगा तब तक राष्ट्रीय विकास भी नहीं हो सकेगा।

संदर्भ-सूची

1. शर्मा, प्रज्ञा एवं पी.एस. नटाणी,भारत में सामाजिक समस्याएँ, पोइन्टर पब्लिशर्स, जयपुर, 2000, पृष्ठ-329।
2. लुण्डबर्गउद्वत द्वाराशर्मा, प्रज्ञा एवं पी. एस. नटाणी, तदैव, पृष्ठ-330।
3. तदैव।
4. बुडाकोटी, पद्मेश, उत्तराखण्ड आन्दोलन का दस्तावेज, हिमालयी धरोहर अध्ययन केन्द्र, कोटद्वार, 1994-95, पृष्ठ-96।
5. तदैव, पृष्ठ-82।
6. जोशी, पी. सी., उत्तराखण्ड इश्यूज् एण्ड चैलेन्जस्, हर-आनन्द पब्लिकेशन्स, नई दिल्ली, 1995।
7. भट्ट, त्रिलोक चन्द्र,उत्तराखण्ड आन्दोलन, भाग-1, तक्षशिला प्रकाशन, नई दिल्ली, 2000, पृष्ठ-22।
8. बुडाकोटी, पद्मेश,पूर्वोक्त, पृष्ठ-201।
9. तदैव, पृष्ठ-268।

अध्याय–आठ

उत्तराखण्ड आन्दोलन तथा राष्ट्रीय एकीकरण

तृतीय विश्व के राष्ट्रों के सम्मुख अनेक गम्भीर समस्याओं में से एक समस्या राष्ट्रीय एकीकरण की है। स्वतन्त्रता प्राप्ति के साथ ही इन राष्ट्रों को उन सभी राजनीतिक, सामाजिक–अर्थिक एवं सांस्कृतिक समस्याओं से जूझना पड़ा है जो पश्चिमी राष्ट्रों के सम्मुख क्रमशः आई थीं। राजनीतिक क्रान्ति के साथ तृतीय विश्व के राष्ट्रों को एक अन्य मूलभूत क्रान्ति से भी गुजरना पड़ा जिसका उद्देश्य सामाजिक विविधता में से राष्ट्रीय एकता प्राप्त करना है। इस प्रकार नव–स्वतंत्र राष्ट्रों को एक साथ परिवर्तन एवं एकीकरण की प्रक्रियाओं से गुजरना पड़ा है।[1] अनेक बार ये प्रक्रियायें परस्पर विरोधी हो जाती हैं जो इन राष्ट्रों की दुविधा व असमंजस का प्रमुख कारण है। लोकतांत्रिक प्रक्रिया के अन्तर्गत जागृत नृजातीय, जातीय, धार्मिक, भाषाई, प्राथमिक अथवा लघु निष्ठाएँ इस दुविधा को अत्यधिक जटिल बना देती हैं। परिणामस्वरूप नेतृत्त्व का सर्वाधिक महत्त्वपूर्ण कार्य नई राजनीतिक व्यवस्था की एकता को बनाए रखना तथा उस समाज से जुड़े विविध समूहों को समाज के साथ एकीकृत करना बन जाता है। इस प्रकार एकीकरण राष्ट्र–निर्माण की प्रक्रिया का अभिन्न अंग है।[2] इन राष्ट्रों के लिए यह एक कठिन प्रक्रिया है क्योंकि वे संक्रमण की अवस्था में हैं; जहाँ आधुनिकीकरण के प्रयास में ये राष्ट्र एकीकरण के परम्परागत तत्वों को तो छोड़ चुके हैं। लेकिन ऐसी नवीन परम्पराओं की स्थापना भी नहीं कर पाये हैं जो राष्ट्रीय एकीकरण का माध्यम बन पातीं।

राष्ट्रीय एकीकरण एक बहु–आयामी अवधारणा है जिसके राजनीतिक, आर्थिक एवं सामाजिक इत्यादि अनेक पक्ष हो सकते हैं; फिर भी अपने मूल रूप में यह ऐसी सामुदायिक या राष्ट्रीयता की भावना है जो विविध समुदायों को एकता के सूत्र में पिरोती है ताकि संस्कृतियों, जातियों, भाषाओं व धर्मों के अन्तर को भावनात्मक दृष्टि से सम्पूर्ण इकाई के रूप में ग्रहण किया जा सके और उस इकाई के समस्त निवासी चाहे वे किसी भी धर्म, जाति या भाषा से सम्बंधित हों अपने राष्ट्र से प्रेम करें एवं उसकी उन्नति की कामना करें। महात्मा गाँधी ने इस भावना की अभिव्यक्ति इन शब्दों में की, कि राष्ट्रीय एकीकरण सामान्य उद्देश्य, सामान्य ध्येय और सामान्य दुःखों की अनुभूति है। इसकी प्राप्ति का सर्वोत्तम मार्ग परस्पर सहिष्णुता और सहानुभूति के साथ एक–दूसरे के दुःखों को बाँटते हुए सामान्य ध्येय की

प्राप्ति में सहयोग करना है।[3] दूसरे शब्दों में, राष्ट्रीय एकीकरण का उद्देश्य समाज में ऐसी भावना का विकास करना है जिससे स्थानीयता, जातीयता, धार्मिक और भाषाई आस्थाओं से ऊपर उठकर व्यक्ति राष्ट्रीय सन्दर्भ में सोचने लगे और सामुदायिकता का विकास हो सके। जयप्रकाश नारायण' के अनुसार, एक राष्ट्र के पास राज्य और निश्चित भू–सीमा होते हुए भी राष्ट्रीयता के सारतत्त्व का अभाव हो सकता है। यह सारतत्त्व ही राष्ट्रीय चेतना अथवा राष्ट्रीय संवेग है। अतः भारत में जब भी राष्ट्रीय एकता की बात की जाती है तो मूलतः उसका अर्थ इसी राष्ट्रीयता की चेतना का विकास करने से होता है;[4] परन्तु इस चेतना अथवा अनुभूति का विकास अत्यन्त कठिन है क्योंकि प्रत्येक समाज में इसके लिए विभिन्न प्रकार की ऐतिहासिक परिस्थितियाँ उत्तरदायी होती हैं।

जी. एस. घूर्ये के अनुसार, राष्ट्रीय एकीकरण एक मनोवैज्ञानिक और शैक्षिक प्रक्रिया है जो लोगों के दिलों में एकात्मकता, संगठन, एकबद्धता, सामान्य नागरिकता और राष्ट्र के प्रति निष्ठा की भावना के विकास को स्वयं में समाविष्ट किए हुए होती है।[5]

डॉ. राधाकृष्णन के शब्दों में, राष्ट्रीय एकीकरण इस तरह का कोई भवन नहीं जो ईंट–गारे से तैयार किया जा सके, न वह कोई औद्योगिक योजना है जिस पर विचार करने और जिसके परिपालन के लिए विशेषज्ञ चाहिए। एकीकरण का सम्बन्ध मनुष्य की विचार शक्ति से है और इसलिए यह आवश्यक है कि लोगों के हृदय तक यह संदेश पहुँचाया जायें।[6] वास्तव में, राष्ट्रीय एकीकरण विविधता में एकता का ही दूसरा स्वरूप है।

राष्ट्रीय एकीकरण के तत्त्व :– राष्ट्रीय एकीकरण के दो प्रमुख तत्त्व हैं– राजनीतिक एकीकरण एवं सामाजिक एकीकरण।[7]राजनीतिक एकीकरण में भौगोलिक एकीकरण और आर्थिक एकीकरण शामिल हैं, जिनका उद्देश्य सभी भौगोलिक अचँलों का भौतिक एकीकरण है ताकि परिवहन तथा संचार के प्रशासन एवं सबके कल्याण के लिए आर्थिक क्रियाओं में कोई बाधा न हो।

सामाजिक एकीकरण का अर्थ व्यक्तियों और समुदाओं के एकीकरण से है ताकि व्यक्ति सामान्य मूल्यों के सहभागी बन सकें। इस प्रकार सामाजिक एकीकरण मनोवैज्ञानिक अथवा भावात्मक एकीकरण पर आधारित है अथवा उसका परिणाम कहा जा सकता है। इस सन्दर्भ में, माइरन वीनर का कथन है कि अपने वृहद्तम अर्थ में, एकीकरण का संकेत ऐसे विभाजक आन्दोलनों की अनुपस्थिति से होता है जो राष्ट्र को विघटित कर सकते हैं या केन्द्रीय शासन की सत्ता को संकट में डाल सकते हैं और समाज की इन प्रवृत्तियों की ओर भी होता है जो

संकुचित हितों के बजाए राष्ट्रीय और सार्वजनिक हितों को प्राथमिकता देती है। इस प्रकार किसी भी राष्ट्रीय नेतृत्त्व की दृष्टि से अपने समुदाय, जाति, धर्म, जनजाति या भाषा के प्रति प्राथमिक निष्ठाओं को बनाए रखना राष्ट्रीय एकीकरण के मार्ग में सबसे बड़ी बाधा है।[8]

इकबाल नारायण के अनुसार, एक अवधारणा के रूप में राष्ट्रीय एकीकरण एक ही समय पर समग्रवादी और बहु–आयामी है। यह समग्रवादी इसलिए है क्योंकि यह स्वयं में समाज, संस्कृति, अर्थशास्त्र, राजनीति, प्रशासन और यहाँ तक कि शिक्षा तक को समाविष्ट किए हैं। यह बहु–आयामी भी है क्योंकि यह सांस्कृतिक, राजनीतिक, प्रशासनिक, आर्थिक और भावात्मक एकीकरण से सम्बद्ध है।[9]

इस प्रकार राष्ट्रीय एकीकरण की प्रक्रिया का अन्तिम उद्देश्य वर्तमान विघटित समुदाय के स्थान पर भावात्मक रूप से एकीकृत नई सामाजिक व्यवस्था की स्थापना है। पं. जवाहरलाल नेहरु इसी भावात्मक एकता को महत्त्व देते हुए यह कामना रखते थे कि भारतीय जन–मानस का भावात्मक एकीकरण हो ताकि हम अपनी अद्भुत विविधता को बनाए रखते हुए भी एक मजबूत राष्ट्रीय इकाई से बंधे रहें।

इसी भाव को अभिव्यक्त करते हुए राष्ट्रीय एकता सम्मेलन (1961) ने राष्ट्रीय एकीकरण की परिभाषा इस प्रकार दी है कि, राष्ट्रीय एकीकरण एक मनोवैज्ञानिक और शैक्षिक प्रक्रिया है जिसके द्वारा सभी लोगों के दिलों में एकता की भावना, समान नागरिकता का अनुभव और राष्ट्र के प्रति प्रेम की भावना को विकसित किया जाता है।[10]

स्पष्ट है कि राष्ट्रीय एकीकरण का सम्बन्ध हृदय से है जिसके साथ अनुभूति और निष्ठा के प्रश्न जुड़े हैं। अतः यदि देश में एकीकरण लाना है तो हृदय परिवर्तन आवश्यक है, जिससे भावनाओं में भी परिवर्तन लाया जा सके तथा संकुचित एवं प्रांतीय निष्ठाओं के स्थान पर वृहद् राष्ट्र के प्रति निष्ठा को सर्वोपरि बनाया जा सके। यह कार्य सभाओं और भाषणों मात्र से ही सम्पन्न नहीं हो सकता बल्कि इसके लिए राष्ट्रोपयोगी संस्कारों को विकसित करने की आवश्यकता है।

राष्ट्रीय एकीकरण की समस्या :– राष्ट्रीय एकीकरण की समस्या विश्वजनीय है और प्रत्येक विविधायुक्त राष्ट्र (अमेरिका, रूस, कनाडा इत्यादि) इस समस्या का अपने–अपने तरीके से सामना कर रहे हैं।[11] तृतीय विश्व के भारत जैसे देशों के लिए यह समस्या और भी अधिक गहन है। इन देशों में राष्ट्रवाद का विकास दो भिन्न अवस्थाओं में होता है। प्रथम, साम्राज्यवाद विरोधी संघर्ष की अवस्था में जहाँ राष्ट्रवाद का एकमात्र उद्देश्य एक स्वतंत्र संप्रभु

राज्य की स्थापना करना होता है और द्वितीय, समाज की राष्ट्र के रूप में एकीकरण की अवस्था जहाँ उस नव–स्वतंत्र राज्य के निवासियों को एक राष्ट्र के नागरिक के रूप में परिवर्तित करना होता है। यही राष्ट्रीय एकीकरण की प्रक्रिया है जो राष्ट्रवाद की द्वितीय अवस्था है और नव–स्वतंत्र राष्ट्रों के लिए अत्यन्त जटिल भी है क्योंकि उन्हें इस राष्ट्र–निर्माण के साथ–साथ एक ही समय पर आर्थिक विकास, सामाजिक न्याय, राजनीतिक विकास, लोकतंत्रीकरण और आधुनिकीकरण की दिशा में भी प्रयत्न करने पड़ते हैं। इस अद्‌भुत बहु–आयामी विकास की प्रक्रिया कभी–कभी अत्यन्त गहन व जटिल अन्तःक्रिया को जन्म देती है जो एकीकरण के स्थान पर असंतोष और अलगाव को इतना बढ़ा देती है कि राजनीतिक समुदाय का अस्तित्त्व ही संकट में पड़ जाता है।

भारत में राष्ट्रीय एकीकरण का प्रश्न और भी जटिल है क्योंकि धर्म, भाषा और संस्कृति के साथ जातीय विविधता भी भारतीय समाज की पारंपरिक विशिष्टिता है जो भारतीय समाज के एकीकरण के मार्ग में बाधक है। विदेशी शासन और उनकी आपसी फूट डालने वाली नीतियों ने एकीकरण के मार्ग को और भी लम्बा तथा दुर्गम बना दिया।[12] स्वतन्त्रता प्राप्ति के पश्चात् भारत के राष्ट्रीय नेताओं ने इस कार्य को सर्वोच्च प्राथमिकता प्रदान की जो पं. जवाहरलाल नेहरू (1952) के इस कथन से स्पष्ट है कि, हमें भारत में एकता की भावना के विकास के कार्य को सर्वोच्च प्राथमिकता देनी चाहिए क्योंकि यह कठिन समय है। ऐसा कोई भी निर्णय जो इस एकता के मार्ग में रुकावट डाले जब तक के लिए स्थगित कर देना चाहिए जब तक कि राष्ट्रीय एकीकरण की मजबूत नींव न रखी जा चुकी हो।[13] परन्तु नेहरू ने यह भी स्पष्ट कर दिया कि एकता की यह भावना लोकतांत्रिक मार्ग से ही विकसित की जानी चाहिए; अतः इसका स्वरूप विविधता में एकता होनी चाहिए, यही बात संविधान सभा में भी प्रतिध्वनित हुई। परिणामस्वरूप भारतीय संविधान राष्ट्रीय एकीकरण और अखण्डता को अपनी प्रस्तावना में महत्त्वपूर्ण स्थान देते हुए भी सभी विविध धार्मिक, जातीय, नृजातीय एवं भाषाई समुदाओं को उनकी परम्परागत अवस्थिति को ध्यान में न रखते हुए समान राजनीतिक सहभागिता का अधिकार प्रदान करता है और विशेष तौर पर पिछड़े अथवा दुर्बल समुदायों के लिए राज्य की ओर से विशेष संरक्षण एवं प्रोत्साहन प्रदान करने का प्रावधान भी करता है।

रजनी कोठारी ने प्रारम्भिक भारतीय नेतृत्त्व के इन लोकतांत्रिक विकल्पों के चुनाव की प्रशंसा की है क्योंकि उनके अनुसार कार्य की विशालता और समस्याओं की जटिलता को

देखते हुए यदि तानाशाही का माध्यम भी अपनाया गया होता तो भी न्याय–संगत ही माना जाता।[14]यह निश्चय ही प्रशंसनीय है कि भारतीय नेतृत्त्व ने भारतीय समाज की विविधता में एकता, सामाजिक न्याय और आर्थिक विकास के अपने प्रयत्न खुले लोकतांत्रिक परिप्रेक्ष्य में ही आगे बढ़ाये हैं।

उत्तराखण्ड आन्दोलन तथा राष्ट्रीय एकीकरण :– उत्तराखण्ड राज्य में वर्तमान समय में दो मण्डल गढ़वाल तथा कुमाँऊ हैं। गढ़वाल मण्डल में भौगोलिक तथा आर्थिक समानताएँ एवं असमानताएँ हैं, किन्तु असमानताएँ अधिक हैं; जैसे– उत्तराखण्ड में अधिकाँश नदियाँ गढ़वाल मण्डल में ही हैं, इस क्षेत्र का 99 प्रतिशत धरातल अत्यन्त उबड़–खाबड़, पथरीला और पहाड़ी है। प्राचीन काल से ही कृषि एवं पशुपालन इस क्षेत्र के निवासियों के मुख्य व्यवसाय रहे हैं।कृषि पर आधारित होने के कारण 70 प्रतिशत जनसंख्याकृषि में कार्यरत् है, किन्तु जहाँ पर खेत सीढ़ीनुमा हैं वहाँ पर फसलें मानसूनों पर निर्भर करती है केवल कुछ ही भाग में कृषि के लिए सिचाँई के साधनों का उपयोग किया जाता है। यहाँ पर कृषि की दशा ठीक न होने के कारण प्रति व्यक्ति आय बहुत ही कम है तथा पहाड़ी क्षेत्र होने के कारण कृषि योग्य भूमि कम तथा औद्योगिकीकरण न होने के कारण यहाँ आर्थिक विषमता पाई जाती है।

उत्तराखण्ड आन्दोलन के प्रारम्भ में सबसे बड़ी समस्या कुमाऊँ और गढ़वाल के पारम्परिक मतभेद थे, जो यद्यपि आम कुमाऊँनियों और गढ़वालियों का विषय नहीं थे, परन्तु दोनों ही क्षेत्रों के प्रबुद्ध और जागरुक वर्गों के आपसी टकराव के लिए एक आधार जरूर थे। पी.सी. जोशी इन मतभेदों को उत्तराखण्ड के स्वायत्त पर्वतीय क्षेत्र के संघर्ष के लिए एक बहुत बड़ी रूकावट मानते थे। वह पहले कुमाऊँनी थे जिन्होंने इन मतभेदों को दूर करने का एक निष्ठापूर्ण प्रयास किया। ऐसे अनेक भौगोलिक और ऐतिहासिक तथ्य हैं जो कुमाऊँनियों और गढ़वालियों को एक–दूसरे से अलहदा भी करते हैं और उन्हें जोड़ते भी हैं। ब्रिटिश शासन से पूर्व दोनों क्षेत्रों के शासकों में राजनीतिक टकराव हुआ है। पृथक् राज्य का नारा गढ़वाल से महाराजा मानवेन्द्र शाह ने लगाया था जिसका विरोध कुमाऊँ में पी. सी. जोशी ने किया। पी. सी. जोशी ने कुमाऊँनियों को परामर्श दिया कि पहले वे अपने दिलों से गढ़वाल विरोधी विष को दूर करें, तब निश्चय ही गढ़वाली भी ऐसा ही करेंगें। ऐसा करने से वे शक्तियाँ जो दो क्षेत्रों में विभाजन का कारण बनी हुई हैं, हतोत्साहित होगीं और संघर्ष के लिए एक सामान्य संगठन के लिए रास्ता साफ होगा। पर्वतीय संकल्प में भी स्पष्ट घोषणा

की गई कि कुमाऊँनी और गढ़वाल संगठित होकर अपने लक्ष्य की प्राप्ति के लिए संघर्ष करेंगें। घोषणा–पत्र में संकल्प लिया गया कि, कुमाऊँनी और गढ़वाली दो भाई हैं जिन्हें पृथक् रखा गया। हमारे दुःख व सुख और हमारी मूलभूत समस्यायें एक हैं, केवल संगठित रहकर हम एक अच्छे भविष्य का निर्माण कर सकते हैं। कुमाऊँनियों की हार्दिक इच्छा है कि हम दोनों एक रहें। घोषणा–पत्र में आगे लिखा गया कि, भूगोल, इतिहास, अर्थव्यवस्था, परम्पराएँ, भाषा और पहाड़ के लोगों की संस्कृति एक है; केवल एक होकर ही हम वर्तमान नरकीय जीवन से मुक्ति पा सकते हैं और हिमालय की गोद में एक शान्त, उन्नत एवं आनन्दमयी जीवन व्यतीत कर सकते हैं.........................यह समय की चुनौती तथा भविष्य की भी पुकार है।[15] उत्तराखण्ड आन्दोलन में यहाँ का जन–समुदाय आपसी मतभेद को भूलकर अपने अधिकारों की माँग करता हुआ सड़कों पर उतर आया था। प्रदर्शन, जुलूस, तालाबन्दी, मारपीट से लेकर पुलिस और प्रशासनिक अमलों से टकराने तक को लोग आमादा रहे। जगह–जगह अनशन, आमरण अनशन चले। उत्तराखण्ड आन्दोलन में सभी वर्गों, समुदायों तथा जातियों के लोगों ने उत्साहपूर्वक भाग लिया था। उत्तराखण्ड राज्य के सपने ने तमाम पहाड़ियों को भावनात्मक एवं सामाजिक दृष्टि से एक तो कर ही दिया था।

कुमाऊँनियों और गढ़वालियों में आज भी मतभेद मौजूद हैं, किन्तु उत्तराखण्ड राज्य बनने के पश्चात् इस मतभेद में कमी आई है। उत्तराखण्ड के लोग हमेशा राष्ट्र के दुःख–सुख में शरीक होते रहे हैं। धर्म, संस्कृति, सामाजिक मान्यताएँ एवं परम्पराएँ तक पूरे भारत की एक थीं। जगतगुरू आदिशंकराचार्य ने सांस्कृतिक, धार्मिक एवं सामाजिक एकता की दृष्टि से आजादी मिलने से भी सैकड़ों वर्ष पूर्व सम्पूर्ण भारत को एक परिवार के रूप में देखा था। उन्होंने दक्षिण भारत के ब्राह्मण उत्तरी भारत के बद्री, केदार मन्दिरों में पुजारी नियुक्त किये तथा दक्षिण भारत के मन्दिरों में उत्तरी भारत के ब्राह्मण नियुक्त किये थे। आज भी बद्रीनाथ और केदारनाथ के मन्दिरों में केरल के नम्बूदरीपाद ब्राह्मण पुजारी हैं जबकि दक्षिण भारत में यह व्यवस्था डगमगा गई है। उत्तराखण्ड ने उक्त परम्परा को आज भी राष्ट्रीय एकता की दृष्टि से अक्षुण्ण रखा है।[16]

<u>सारणी–8.1</u>
लिंग के आधार पर उत्तरदाताओं के अनुसार छोटे राज्य की अवधारणा से देश की एकता और अखण्डता को खतरे का वर्गीकरण

उत्तरदाताओं का दृष्टिकोण	पुरुष		महिला		कुल योग	
	कुल	प्रति०	कुल	प्रति०	कुल	प्रति०
हाँ	49	49.0	28	28.0	77	38.5
नहीं	19	19.0	15	15.0	34	17.0
पता नहीं	32	32.0	57	57.0	89	44.5
कुल योग	100	100	100	100	200	100

सारणी से स्पष्ट होता है कि छोटे राज्य की अवधारणा को देश की एकता और अखण्डता के लिए 49.0 प्रतिशत पुरुष एवं 28.0 प्रतिशत महिला उत्तरदाता खतरा मानते हैं। 19.0 प्रतिशत पुरुष और 15.0 प्रतिशत महिला उत्तरदाताओं का दृष्टिकोण नकारात्मक है, जबकि 32.0 प्रतिशत पुरुष तथा 57.0 प्रतिशत महिला उत्तरदाताओं को इस सम्बन्ध में पता नहीं है। कुल उत्तरदाताओं में से 38.5 प्रतिशत सकारात्मक, 17.0 प्रतिशत उत्तरदाता नकारात्मक दृष्टिकोण रखते हैं तथा 44.5 प्रतिशत उत्तरदाताओं को इस सम्बन्ध में पता नहीं है।

<u>सारणी–8.2</u>

जाति के आधार पर उत्तरदाताओं के अनुसार छोटे राज्य की अवधारणा से देश की एकता और अखण्डता को खतरे का वर्गीकरण

उत्तरदाताओं का दृष्टिकोण	ब्राह्मण		क्षत्रिय		वैश्य		अनु० जाति		अनु० जनजाति		अन्य		कुल योग	
	कुल	प्रति०	कुल	प्रति०	कुल	प्रति०	कुल	प्रति०	कुल	प्रति०	कुल	प्रति०	कुल	प्रति०
हाँ	43	49.5	25	38.4	02	33.3	02	15.4	02	11.8	03	25.0	77	38.5
नहीं	11	12.6	12	18.5	01	16.7	02	15.4	04	23.5	04	33.3	34	17.0
पता नहीं	33	37.9	28	43.1	03	50.0	09	69.2	11	64.7	05	41.7	89	44.5
कुल योग	87	100	65	100	06	100	13	100	17	100	12	100	200	100

सारणी से स्पष्ट होता है कि छोटे राज्य की अवधारणा को देश की एकता और अखण्डता के लिए ब्राह्मण 49.5, क्षत्रिय 38.4, वैश्य 33.3, अनु०जाति 15.4, अनु० जनजाति 11.8 एवं अन्य 25.0 प्रतिशत उत्तरदाता खतरा मानते हैं तथा ब्राह्मण 12.6, क्षत्रिय 18.5, वैश्य 16.7, अनु०जाति 15.4, अनु० जनजाति 23.5 एवं अन्य 33.3 प्रतिशत उत्तरदाताओं का

दृष्टिकोण नकारात्मक है। जबकि ब्राह्मण 37.9, क्षत्रिय 43.1, वैश्य 50.0, अनु0जाति 69.2, अनु0 जनजाति 64.7 तथा अन्य 41.7 प्रतिशत उत्तरदाताओं को इस सम्बन्ध में पता नही है।

सारणी–8.3
शैक्षिक स्तर के आधार पर उत्तरदाताओं के अनुसार छोटे राज्य की अवधारणा से देश की एकता और अखण्डता को खतरे का वर्गीकरण

उत्तरदाताओं का दृष्टिकोण	उच्च शिक्षित		मध्यम शिक्षित		अल्प शिक्षित		अशिक्षित		कुल योग	
	कुल	प्रति0	कुल	प्रति0	कुल	प्रति0	कुल	प्रति0	कुल	प्रति0
हाँ	19	65.5	35	61.4	15	33.3	08	11.6	77	38.5
नहीं	09	31.0	13	22.8	09	20.0	03	4.3	34	17.0
पता नहीं	01	3.5	09	15.8	21	46.7	58	84.1	89	44.5
कुल योग	29	100	57	100	45	100	69	100	200	100

सारणी से स्पष्ट होता है कि छोटे राज्य की अवधारणा को देश की एकता और अखण्डता के लिए उच्च शिक्षित वर्ग में 65.5, मध्यम शिक्षित वर्ग में 61.4, अल्प शिक्षित वर्ग में 33.3 एवं अशिक्षित वर्ग में 11.6 प्रतिशत उत्तरदाता खतरा मानते हैं। उच्च शिक्षित वर्ग में 31.0, मध्यम शिक्षित वर्ग में 22.8, अल्प शिक्षित वर्ग में 20.0 एवं अशिक्षित वर्ग में 4.3 प्रतिशत उत्तरदाताओं का दृष्टिकोण नकारात्मक है, जबकि उच्च शिक्षित वर्ग में 3.5, मध्यम शिक्षित वर्ग में 15.8, अल्प शिक्षित वर्ग में 46.7 एवं अशिक्षित वर्ग में 84.1 प्रतिशत उत्तरदाताओं को इस सम्बन्ध में पता नहीं है।

सारणी–8.4
मासिक आय के आधार पर उत्तरदाताओं के अनुसार छोटे राज्य की अवधारणा से देश की एकता और अखण्डता को खतरे का वर्गीकरण

उत्तरदाताओं का दृष्टिकोण	उच्च आय वर्ग		मध्यम आय वर्ग		निम्न आय वर्ग		कुल योग	
	कुल	प्रति0	कुल	प्रति0	कुल	प्रति0	कुल	प्रति0
हाँ	19	65.5	48	60.0	05	5.5	77	38.5
नहीं	03	10.4	12	15.0	19	20.9	34	17.0
पता नहीं	07	24.1	20	25.0	67	73.6	89	44.5

कुल योग	29	100	80	100	91	100	200	100

सारणी से स्पष्ट होता है कि छोटे राज्य की अवधारणा को देश की एकता और अखण्डता के लिये उच्च आय वर्ग में 65.5, मध्यम आय वर्ग में 60.0 और निम्न आय वर्ग में 5.5 प्रतिशत उत्तरदाता खतरा मानते हैं तथा उच्च आय वर्ग में 10.4, मध्यम आय वर्ग में 15.0 एवं निम्न आय वर्ग में 20.9 प्रतिशत उत्तरदाता नकारात्मक दृष्टिकोण रखते हैं। जबकि उच्च आय वर्ग में 24.1, मध्यम आय वर्ग में 25.0 तथा निम्न आय वर्ग में 73.6 प्रतिशत उत्तरदाताओं को इस सम्बन्ध में कुछ पता नहीं है।

सारणी–8.5

उत्तराखण्ड एक अलग राज्य बन जाने के पश्चात् गढ़वाल मण्डल के विकास के सन्दर्भ में उत्तरदाताओं के दृष्टिकोण का वर्गीकरण

गढ़वाल मण्डल का विकास तीव्र गति से हुआ है।	उत्तरदाताओं की संख्या	कुल योग	
		कुल	प्रति०
हाँ	108	108	54.0
नहीं	23	23	11.5
पता नहीं	69	69	34.5
कुल योग	200	200	100

सारणी से स्पष्ट होता है कि कुल उत्तरदाताओं में से 54.0 प्रतिशत उत्तरदाताओं का मानना है कि उत्तराखण्ड राज्य बन जाने के पश्चात् गढ़वाल मण्डल का तीव्र विकास हुआ हैं। 11.5 प्रतिशत उत्तदाताओं का दृष्टिकोण नकारात्मक रहा, जबकि 34.5 प्रतिशत उत्तरदाताओं को इस बारे में पता नहीं था। अतः आशा करनी चाहिए कि अब गढ़वाल मण्डल में विकास तीव्र गति से होगा।

सारणी–8.6

विकास के लिए छोटे राज्यों के सन्दर्भ में उत्तरदाताओं के दृष्टिकोण का वर्गीकरण

विकास के लिए छोटे राज्य आवश्यक है	उत्तरदाताओं की संख्या	कुल योग	
		कुल	प्रति०
हाँ	105	105	52.5

नहीं	36	36	18.0
पता नहीं	59	59	29.5
कुल योग	200	200	100

सारणी से स्पष्ट होता है कि कुल उत्तरदाताओं में से 52.5 प्रतिशत उत्तरदाता विकास के लिए छोटे राज्यों को आवश्यक मानते हैं। 18.0 प्रतिशत उत्तरदाता विकास के लिए छोटे राज्यों को आवश्यक नहीं मानते हैं, जबकि 29.5 प्रतिशत उत्तरदाताओं को इस बारे में पता नहीं है। अतः स्पष्ट होता है कि विकास के लिए छोटे राज्य आवश्यक हैं।

स्पष्ट होता है कि उत्तराखण्ड आन्दोलन जातिवाद, भाषावाद, साम्प्रदायिकता, संकुचित स्वार्थों का संघर्ष, राजनीतिक अवसरवादिता, हिंसा एवं आन्दोलन की राजनीति, विदेशी तत्त्वों की घुसपैठ तथा अल्पसंख्यकों और पिछड़ी जातियों में असुरक्षा की भावना से उत्पन्न न होकर केवल क्षेत्रीय एवं आर्थिक विकास के मुद्दे को लेकर उत्पन्न एक पूर्ण रूप से अहिंसात्मक आन्दोलन रहा जिससे राष्ट्रीय एकीकरण को कोई खतरा नहीं था क्योंकि यह भारत से स्वायत्तता या पृथक्तावादी आन्दोलन न होकर केवल उत्तर प्रदेश सरकार द्वारा क्षेत्रीय विकास न होने के कारण एक पृथक् राज्य के लिए आन्दोलन था। यह आन्दोलन भाषाई एवं जातीय विविधता होते हुए भी सामाजिक एकीकरण का एक अच्छा उदाहरण कहा जा सकता है। भारत की एकता और अखण्डता में यहाँ का जन–मानस आज भी उतनी ही श्रद्धा और विश्वास रखता है जितनी कि उत्तराखण्ड बनने के पहले।

लगभग बीस वर्ष बीत जाने के पश्चात् अलग राज्य का सपना पूरा होने की खुशी की चमक उत्तराखण्ड के उन लोगों में कहीं दिखाई नहीं दे रही है, जो हजारों और लाखों की संख्या में सड़कों पर उमड़ते थे। यह नया नवेला राज्य उन्हीं लोगों को सबसे ज्यादा आशंकित कर रहा है जो इसे प्राप्त करने के लिए एक समय उन्माद की हद तक जाने को तैयार थे। मंजिल पाने के पश्चात् यह कैसा मोहभंग और कैसी उदासीनता है? जो पहाड़ के कस्बों से लेकर दूर–दराज गाँवों तक पाँव पसारे हुए है? उत्तराखण्ड को देश के मानचित्र पर एक आदर्श राज्य के रूप में स्थापित करने के लिए जनता और बुद्धिजीवियों के संकल्प राजनीतिक कुचालों के काले बादलों में घिरते जा रहे हैं।

नये राज्य में चुनौतियों के पहाड़ हैं तो अवसरों के बुग्याल हैं। उन्हें केवल पहचानने की आवश्यकता है। औपनिवेशिक शासन और प्रशासन की विरासत का सर्वथा त्याग किया जा

सकता है। एक वैकल्पिक शासन प्रणाली की शुरूआत की जानी चाहिए जिसमें माटी की महक हो, पहाड़ का संकल्प हो, स्वराज और सुराज का आदर्श हो। यह ऐसा विकल्प है कि जो परे देश को हिमालय सरीखा नये रास्ते पर चलने के लिए प्रेरित करता है। यह राज्य सामरिक महत्त्व का तथा हिमालय का मर्म स्थल है। इसकी सीमाएँ नेपाल और चीन से जोड़ती हैं। इस राज्य में संस्कृतियों एवं उपसंस्कृतियों की अनेक अन्तरधाराएँ हैं। दक्षिण–पूर्व में कुमाऊँ और उत्तर–पश्चिम में गढ़वाल में मध्य हरिद्वार सांस्कृतिक सेतु की भूमिका निभा रहा है।

उत्तराखण्ड राज्य को अभी लम्बा सफर तय करना है। वह अपने नव–निर्माण के प्रारम्भिक चरण में है। इस दौरान राजनीतिक दलों और जनसंघटको को फैसला करना चाहिए कि राज्य व्यवस्था का स्वरूप जब तक पूर्ण नहीं हो जाता तब तक विकास के बुनियादी सवालों पर वे राजनीतिक होड़ में न पड़ें, उसे चुनावी मुद्दा न बनाएँ। एक दिन ऐसा भी आयेगा जब दीर्घकालिक नीतियाँ बनेगी।राज्य के लिए वर्तमान समय विवेक, दूरदर्शिता, सद्भावना, अदम्य साहस, धैर्य, कठिन परिश्रम, मानसिक सूझबूझ एवं समर्पित त्याग का है। फिलहाल तो उत्तराखण्ड के नागरिकों को यह आशा करनी चाहिए कि उत्तराखण्ड राज्य आने वाले समय में अन्य राज्यों के लिए बेहतर उदाहरण सिद्ध हो सकेगा।

संदर्भ–सूची

1. स्कॉट, रोगर, द पालिटिक्स ऑफ न्यू स्टेट्स, लन्दन, 1970, पृष्ठ 28।
2. यादव, सुषमा एवं आर. शर्मा, भारतीय राजनीतिः ज्वलंत प्रश्न, हिन्दी माध्यम कार्यान्वय निदेशालय, दिल्ली वि. वि., दिल्ली, 1997, पृष्ठ–48।
3. गांधी, महात्मा उद्वत द्वारा भट्टाचार्य, वी. आर., टूवर्डस् नेशनल यूनिटी एन्ड इन्ट्रीगेशन, मेट्रोपोलियन बुक कम्पनी, नई दिल्ली, 1985, पृष्ठ–98।
4. नारायण, जयप्रकाश, थ्री बेसिक प्राब्लम्बस् ऑफ फ्री इन्डिया, बम्बई, 1964, पृष्ठ–4।
5. घूर्ये, जी. एस., सोशल टेंशन्स् इन इन्डिया, बम्बई, 1968 पृष्ठ–502।
6. राधाकृष्णन उद्वत द्वारा तायल बी. बी., भारतीय राजनीतिक व्यवस्था, सुल्तान चन्द

एण्ड संस, नई दिल्ली, 1997 पृष्ठ—476।
7. यादव, सुषमा एवं आर. शर्मा, पूर्वोक्त, पृष्ठ—49।
8. वीनर, माइरन, पालिटिक्स ऑफ स्कारसिटि, बम्बई, 1963, पृष्ठ—39।
9. नारायण, इकबाल, सेक्यूलर प्लूरलइज्म, नेशनल इन्ट्रीग्रेशन एण्ड डेमोक्रेसी इन इन्डिया, एशियन सर्वे, अक्टू. 1976, पृष्ठ—903।
10. स्टेटमेन्ट, नेशनल इन्ट्रीग्रेशन कान्फ्रेन्स, 1961, पृष्ठ—6।
11. हंट्टिग्टन, पी., पालिटिकल मार्डनाइजेशनः अमेरिकन वर्सेज् यूरोप, वर्ल्ड पालिटिक्स, अप्रैल—1966, पृष्ठ—402—404।
12. तरुण, हरिवंश, भारत की राष्ट्रीय एकता, ज्ञान गंगा, दिल्ली, 1991, पृष्ठ—122—163।
13. नेहरू, जवाहर लाल उद्धत द्वारा रजनी कोठारी, स्टेट एण्ड नेशन बिल्डिंग इन इन्डिया, इलाइड पब्लिशर्स, नई दिल्ली, 1976, पृष्ठ—195।
14. कोठारी, रजनी, तदैव, पृष्ठ—205।
15. हुसैन, जाकिर, उत्तराखण्ड, पृथक् राज्य आन्दोलन और क्षेत्रीय राजनीति, प्रकाश बुक डिपो, बरेली, 1998, पृष्ठ—55।
16. शर्मा, द्वारिका प्रसाद, उत्तराखण्ड बनाम उत्तराँचल, अयोध्या भवन, कैलास गेट, मुनि—की—रेती, टिहरी, पृष्ठ—18।

ग्रंथ–सूची

1. नारायण, इकबाल, राजनीति शास्त्र के मूल सिद्धान्त, रतन प्रकाशन मन्दिर, आगरा, 1992।
2. बिल्लौरे, डी. के., समकालीन राजनीतिक विचार, श्री सुनीता प्रकाशन, इन्दौर,1998।
3. तिवारी, बीना, कुमाऊँ मण्डल विकास निगम : संरचना, कार्य एवं क्षेत्रीय विकास में योगदान, (अप्रकाशित शोध–प्रबन्ध), कुमाऊँ वि. वि. नैनीताल।
4. गेना, सी. बी., आधुनिक राजनीतिक सिद्धान्त, विकास पब्लिशिंग हाऊस प्रा. लि, नई दिल्ली, 1993।
5. पाई. ल्यूशन डब्लू., कम्युनिकेशन एण्ड पॉलिटिकल डेवलमेन्ट, प्रिंस्टन, यूनिवर्सिटी प्रैस, प्रिस्टन।
6. माहेश्वरी, एस. आर., तुलनात्मक राजनीति, लक्ष्मी नारायण अग्रवाल, पुस्तक प्रकाशक, आगरा, 1997।
7. आमण्ड एण्ड पावेल, कम्प्रैटिव पॉलिटिक्स : ए डेवलमेन्ट एप्रॉच, लिटिल ब्राउन एण्ड कम्पनी, बोस्टन।

8 जग्वाराइब हीलियो, पॉलिटिकल डेवलमेन्ट : ए जनरल थ्योरी एण्ड ए लैटिन अमेरिकन केस स्टडी, हॉरपर एण्ड रो, न्यूयार्क।

9. रिग्स, एफ. डब्लू., ब्यूरोक्रेट्स एण्ड पॉलिटिकल डेवलमेन्ट : ए पैराडोक्सिकल व्यू, लिटन ब्राउन, प्रिंस्टन एन. जे., 1963।
10. पाई, ल्यूशन डब्लू., आस्पेक्ट्स ऑफ पॉलिटिकल डेवलमेन्ट, लिटिल ब्राउन एण्ड कम्पनी, न्यूयार्क सिटी, 1966।
11. नन्दलाल, मीना सिंह, विकास और अल्प विकास के सिद्धान्त राजनीतिक सन्दर्भ में, प्रतियोगिता दर्पण, जुलाई–1995।
12. गेना, सी. बी., तुलनात्मक राजनीति, विकास पब्लिशिंग हाऊस प्रा. लि., नई दिल्ली, 1996।
13. वर्मा, श्यामलाल, आधुनिक राजनीतिक सिद्धान्त, मिनाक्षी प्रकाशन, मेरठ, 1998।
14. घई, यू. आर., आधुनिक राजनीतिक विश्लेषण, न्यू ऐकेडेमिक पब्लिशिंग कम्पनी,

जालन्धर, 1993।

15. सिंह, वी. पी., भारत में राजनीतिक विकास : एक व्यवहारवादी अध्ययन, (यू.जी.सी., मेजर रिसर्च प्रोजेक्ट इन पॉलिटिकल साइन्स)अप्रकाशित शोध प्रबन्ध, 2000।
16. भट्ट, त्रिलोक चन्द्र, उत्तराखण्ड आन्दोलन : पृथक् राज्य आन्दोलन का ऐतिहासिक दस्तावेज, तक्षशिला प्रकाशन, नई दिल्ली, 2000।
17. शर्मा, द्वारिका प्रसाद, उत्तराखण्ड बनाम उत्तराँचल, अयोध्या भवन, कैलास गेट,मुनि–की–रेती, टिहरी–गढ़वाल, 2000।
18. रतूड़ी, हरिकृष्ण, गढ़वाल का इतिहास, भागीरथी प्रकाशन गृह, टिहरी गढ़वाल, 1998।
19. भारत की जनगणना 2011, उत्तराखण्ड श्रृँखला 6।
20. बलूनी, दिनेश चन्द्र, उत्तराखण्ड की लोक गाथाएँ, हिन्दी साहित्य निकेतन, 16, साहित्य विहार, बिजनौर, 1997।
21. एटकिंसन, ई. टी., हिमालयन गजेटियर, भाग–2, कोसमो पब्लिकेशन्स, दिल्ली, 1974।
22. डबराल, शिवप्रसाद, उत्तराखण्ड का इतिहास, भाग–2, वीरगाथा प्रकाशन, दुगड्डा, गढ़वाल, 1978।
23. सिंह, आर. एल. (सम्पा.), इण्डिया : ए रिजनल ज्योग्राफी, एन. जी. एस. आई., वाराणसी, 1971।
24. एटकिंसन, ई. टी., कुमाऊँ हिल्स, कोसमो पब्लिकेशन्स, दिल्ली, 1974।
25. स्कन्द पुराण, केदारखण्ड, श्लोक संख्या–41।
26. नौटियाल, शिवानन्द, गढ़वाल के लोकनृत्य, अमित प्रकाशन, गाजियाबाद, 1974।
27. बलूनी, दिनेश चन्द्र, उत्तराँचलः संस्कृति, लोक जीवन, इतिहास एवं पुरातत्व, प्रकाश बुक डिपो, बरेली, 2001।
28. बहुगुणा, सुन्दरलाल(संयो.), टिहरी गढ़वाल, विकास गोष्ठी, टिहरी गढ़वाल, 1964।
29. डबराल, शिवप्रसाद, अलकनन्दा उपत्यका, वीरगाथा प्रकाशन, दुगड्डा, गढ़वाल,1978।
30. बलूनी, दिनेश चन्द्र, उत्तराखण्ड की लोक गाथाएं, आदर्श प्रिंटर्स, दिल्ली, 1957।
31. सूचना एवं जनसम्पर्क विभाग, उत्तर प्रदेश वार्षिकी, उत्तर प्रदेश, 1995–96।
32. नौटियाल, शिवानन्द, गढ़वाल के लोक नृत्य, हिन्दी साहित्य सम्मेलन, प्रयाग, 1981।
33. पान्डेय, राजेन्द्र, भारत का सांस्कृतिक इतिहास, उत्तर प्रदेश हिन्दी संस्थान, लखनऊ, 1983।

34. दूबे, श्यामाचरण, मानव और संस्कृति, राजकमल प्रकाशन, दिल्ली, 1960।
35. महाजन, धर्मवीर, राजनीतिक समाजशास्त्र, राजस्थान हिन्दी ग्रन्थ अकादमी, जयपुर, 1996।
36. पाई, ल्यूशन डब्लू., कम्युनिकेशन एण्ड पॉलिटिकल डेवलपमेन्ट, राधा कृष्ण प्रकाशन, 1972।
37. चैफी एवं ट्रिप्टन, मास कम्युनिकेशन एण्ड पॉलिटिकल सोशलाईजेशन, जर्नलिज्म क्वार्टर्ली, 1970।
38. मलहान, पी. एन., कम्युनिकेशन मीडियाः येसटर्डे, टुडे एण्ड टुमारो, न्यू दिल्ली, पब्लिकेशन्स डि, 1985।
39. तेहरानियन, माजिद, दा कर्स ऑफ माइर्नटी डायलेक्टिस ऑफ माडर्नाईजेशन एण्ड कम्युनिकेशन, इण्टरनेशनल सोशल सांइस जर्नल, खण्ड–XXXII, सं.–2, 1980।
40. कुप्पुस्वामी, बी., कम्युनिकेशन एण्ड सोशल डेवलपमेन्ट इन इण्डिया, स्टर्लिंग पब्लिशर्स प्रा. लि., दिल्ली, 1976।
41. जोशी, पी. सी., कम्युनिकेशन एण्ड नेशन–बिल्ड़िग–1 इन मेनस्ट्रीम, वाल्यूम–XXIV।
42. राव, लक्ष्मण वाई.वी., कम्युनिकेशन एण्ड डेवलपमेन्ट : ए स्टडी ऑफ टू इण्डियन विलेजेज, मिन्नीसोटा यूनिवर्सिटी प्रेस, मिन्नीसोटा, 1966।
43. मेक्लॉस्की, हर्बट, पालिटिकल पार्टिसीपेशन्, इन्टरनेशनल एनसाइक्लोपिडिया ऑफ दि सोशल साइन्सेज, खण्ड–12, द मेकवेलन कम्पनी, 1968।
44. इंकेल्स, एलेक्स, पार्टीसिपेन्ट सिटीजनशिप इन सिक्स डेवलपिंग कंट्रीज, अमेरिकन पॉलिटिकल सांइस रिव्यू, खण्ड–LXIII, सं.–4, दिसम्बर 1969।
45. आमण्ड एवं वर्बा, दि सिविक कल्चर, प्रिंस्टन यूनिवर्सिटी प्रेस, प्रिंस्टन एन. जे., 1961।
46. मिलब्रेथ, एल. डब्लू., पालिटिकल पार्टिसिपेशन, रैण्ड मैकनेली एण्ड कम्पनी, शिकागो, 1965।
47. लवानिया, एम. एम., राजनीतिक समाजशास्त्र, रिसर्च पब्लिकेशन्स, जयपुर, 1989।
48. अवस्थी, ए.पी., विकास प्रशासन, लक्ष्मी नारायण अग्रवाल, आगरा, 2001।
49. बर्थवाल, सी.पी., आधुनिक राजनीतिक विश्लेषण, उत्तर प्रदेश हिन्दी ग्रन्थ अकादमी, लखनऊ, 1974।
50. गौतम, शिवदयाल, समकालीन राजनीतिक चिन्तन, मध्य प्रदेश हिन्दी ग्रन्थ अकादमी,

भोपाल, 1997।
51. सोल, एम. काज, ए मैथेडोलोजिकल नोट आन ऐप्रिएशिंग एडमिनिस्ट्रेटिव केपेबिलिटी फार डेवलपमेन्ट इन ऐप्रिएशिंग एडमिनिस्ट्रेटिव फॉर डेवलपमेन्ट।
52. रिग्स, डब्लू. एफ., दि आइडिया ऑफ डेवलपमेन्ट, रिग्स (सम्पा.), द फ्रन्टियर्स ऑफ डेवलपमेन्ट एडमिनीस्ट्रेशन, डरहम ड्यूक यूनीवर्सिटी प्रेस, 1970।
53. मेहता, एस. सी., (सम्पा.) लोक प्रशासन एवं प्रबन्ध, राजस्थान हिन्दी ग्रन्थ अकादमी, जयपुर, 1990।
54. ला पालोम्बरा, जे., ब्यूरोक्रेसी एण्ड पालिटिकल डेवलपमेन्ट, प्रिंस्टन न्यू जर्सी, प्रिंस्टन यूनीवर्सिटी प्रेस, 1966।
55. चोपड़ा, सरोज, प्रशासनिक संस्थाएँ, राजस्थान हिन्दी ग्रन्थ अकादमी, जयपुर, 2002।
56. मदन, जी. आर., भारत में सामाजिक समस्याएँ, विवेक प्रकाशन, दिल्ली, 2000।
57. दाहमा, ओ. पी., ग्रामीण समाजशास्त्र, मध्य प्रदेश हिन्दी ग्रन्थ अकादमी, भोपाल, 1980।
58. आहूजा, राम, पॉलिटिकल इलीट्स एण्ड मार्डनाइजेशन, मिनाक्षी प्रकाशन, मेरठ, 1975।
59. शर्मा, हरिश्चन्द, प्रशासनिक संस्थाएँ, कालेज बुक डिपो, जयपुर, 1988।
60. देसाई, ए. आर, भारतीय ग्रामीण समाजशास्त्र, रावत पब्लिकेशन्स, जयपुर,1999।
61. चॉकी, डान ए., पार्टिसिपेटरी डेमोक्रेसी इन एक्शन, विकास पब्लिशिंग हाऊस, गाजियाबाद, 1979।
62. फ्रैंक डब्लू एण्ड यंग रुथ सी., टूवर्ड्स द थ्योरी ऑफ कम्यूनिटी–डेवलपमेन्ट, कार्नेल यूनिवर्सिटी, इथाका,1963।
63. एब्राहम, एम. फ्रांसिस, डाइनामिक्स ऑफ लीडरशिप इन विलेज ऑफ इन्डिया, इन्डियन इन्टरनेशनल पब्लिकेशन, इलाहाबाद, 1974।
64. शर्मा, प्रज्ञा एवं पी.एस. नटाणी, भारत में सामाजिक समस्याएँ, पोइन्टर पब्लिशर्स, जयपुर, 2000।
65. बुडाकोटी, पद्मेश, उत्तराखण्ड आन्दोलन का दस्तावेज, हिमालयी धरोहर अध्ययन केन्द्र, कोटद्वार, 1994–95।
66. जोशी, पी. सी., उत्तराखण्ड इश्यूज् एण्ड चैलेन्जस्, हर–आनन्द पब्लिकेशन्स, नई

दिल्ली, 1995।
67. भट्ट, त्रिलोक चन्द्र, उत्तराखण्ड आन्दोलन, भाग–1, तक्षशिला प्रकाशन, नई दिल्ली, 2000।
68. स्कॉट, रोगर, द पालिटिक्स ऑफ न्यू स्टेट्स, लन्दन, 1970।
69. यादव, सुषमा एवं आर. शर्मा, भारतीय राजनीतिः ज्वलंत प्रश्न, हिन्दी माध्यम कार्यान्वय निदेशालय, दिल्ली वि. वि., दिल्ली, 1997।
70. गांधी, महात्मा उद्धत द्वारा भट्टाचार्य, वी. आर., टूवर्डस् नेशनल यूनिटी एन्ड इन्ट्रीगेशन, मेट्रोपोलियन बुक कम्पनी, नई दिल्ली, 1985।
71. नारायण, जयप्रकाश, थ्री बेसिक प्राब्लम्बस् ऑफ फ्री इन्डिया, बम्बई, 1964।
72. घूर्ये, जी. एस., सोशल टेंशन्स् इन इन्डिया, बम्बई, 1968।
73. राधाकृष्णन उद्धत द्वारा तायल बी. बी., भारतीय राजनीतिक व्यवस्था, सुल्तान चन्द एण्ड संस, नई दिल्ली, 1997।
74. वीनर, माइरन, पालिटिक्स ऑफ स्कारसिटि, बम्बई, 1963।
75. नारायण, इकबाल, सेक्यूलर प्लूरलइज्म, नेशनल इन्ट्रीग्रेशन एण्ड डेमोक्रेसी इन इन्डिया, एशियन सर्वे, अक्टू. 1976।
76. स्टेटमेन्ट, नेशनल इन्ट्रीग्रेशन कान्फ्रेन्स, 1961।
77. हंट्गिटन, पी., पालिटिकल मार्डनाइजेशनः अमेरिकन वर्सेज् यूरोप, वर्ल्ड पालिटिक्स, अप्रैल–1966।
78. तरुण, हरिवंश, भारत की राष्ट्रीय एकता, ज्ञान गंगा, दिल्ली, 1991।
79. नेहरू, जवाहर लाल उद्धत द्वारा रजनी कोठारी, स्टेट एण्ड नेशन बिल्डिंग इन इन्डिया, इलाइड पब्लिशर्स, नई दिल्ली, 1976।
80. हुसैन, जाकिर, उत्तराखण्ड, पृथक् राज्य आन्दोलन और क्षेत्रीय राजनीति, प्रकाश बुक डिपो, बरेली, 1998।
81. शर्मा, द्वारिका प्रसाद, उत्तराखण्ड बनाम उत्तराँचल, अयोध्या भवन, कैलास गेट, मुनि–की–रेती, टिहरी।

लेखक–परिचय

डॉ० अनिल कुमार सैनी का जन्म 1 जनवरी, 1976, को ग्राम नांगल सोती, जनपद बिजनौर, उ०प्र० में हुआ। उन्होंने चौधरी चरण सिंह विश्वविद्यालय, मेरठ से एम०ए० तथा पी–एच०डी० (राजनीति विज्ञान) की उपाधि प्राप्त की। डॉ० सैनी ने पूर्व में गुरुकुल काँगड़ी विश्वविद्यालय हरिद्वार में सहायक आचार्य (गेस्ट फैकल्टी) के रूप में लगभग 15 वर्षों तक स्नातक स्तर पर अध्यापन कार्य किया है। वह रामपाल सिंह कन्या महाविद्यालय, चन्दक, बिजनौर में प्राचार्य के पद पर भी कार्य कर चुके हैं। सितम्बर, 2017 से वह महायोगी गुरु गोरखनाथ राजकीय महाविद्यालय, पौड़ी गढ़वाल, संबद्ध हेमवती नंदन बहुगुणा गढ़वाल विश्वविद्यालय, श्रीनगर, गढ़वाल (उत्तराखण्ड) में सहायक आचार्य (राजनीति विज्ञान) पद पर कार्यरत हैं।

डॉ० सैनी ने पी–एच०डी० एवं एम०फिल्० के कई शोधार्थियों का निर्देशन किया है। वह कई राष्ट्रीय तथा अन्तर्राष्ट्रीय सेमिनारों में सम्मिलित होकर शोध–पत्र भी प्रस्तुत कर चुके हैं। वह भारतीय राजनीति विज्ञान संघ (IPSA) तथा उत्तराखण्ड राजनीति विज्ञान परिषद (UPSA) के आजीवन सदस्य भी हैं। वर्ष 2018 में डॉ० सैनी की 'तुलनात्मक राजनीति एवं राजनीतिक विश्लेषण' (ISBN 978-93-88526-08-1) नामक पुस्तक प्रशान्त पब्लिशिंग हाउस, दिल्ली से प्रकाशित है।

संपर्क सूत्र : 91–8433189280

ईमेल : dr.anilsaini76@gmail.com

www.ingramcontent.com/pod-product-compliance
Lightning Source LLC
Chambersburg PA
CBHW081350080526
44588CB00016B/2438
* 9 7 8 1 8 9 7 4 1 6 3 2 7 *